光环效应

The Halo Effect

... and the Eight Other Business Delusions That Deceive Managers

商业认知思维的九大陷阱

[美]罗森维(PHIL ROSENZWEIG)著
李丹丹 译

中信出版集团 | 北京

图书在版编目（CIP）数据

光环效应：商业认知思维的九大陷阱 /（美）罗森维著；李丹丹译. -- 北京：中信出版社，2020.4（2021.1重印）

书名原文：The Halo Effect. and the Eight Other Business Delusions That Deceive Managers

ISBN 978-7-5217-1366-4

Ⅰ. ①光… Ⅱ. ①罗… ②李… Ⅲ. ①企业管理—研究 Ⅳ. ① F272

中国版本图书馆CIP数据核字（2020）第031578号

光环效应——商业认知思维的九大陷阱

著　　者：（美）罗森维
译　　者：李丹丹
出版发行：中信出版集团股份有限公司
（北京市朝阳区惠新东街甲4号富盛大厦2座　邮编　100029）
承 印 者：北京楠萍印刷有限公司

开　　本：880mm × 1230mm　1/32　　印　　张：10.5　　字　　数：179千字
版　　次：2020年4月第1版　　印　　次：2021年1月第2次印刷
京权图字：01−2019−3739
书　　号：ISBN 978−7−5217−1366−4
定　　价：58.00元

致我的父母

马克·罗森茨魏希和珍宁·罗森茨魏希

评论

埃森哲年度最佳书籍奖应颁给《光环效应》。

——《加利福尼亚管理评论》，2007 年夏

我被这本书深深吸引，它摧毁了管理类书籍中利用经验主义论断制造出的有关成功特质的种种迷思。它是有史以来最重要的管理类书籍之一。对那些大师所著的错误连篇、论断幼稚的畅销书来说，这无异于--剂解毒良方。

——纳西姆·塔勒布，《黑天鹅》（*The Black Swan*）作者

在《光环效应》一书中，罗森维直言不讳。他批判性的分析是对时下

各种肤浅、公式化、简单化的流行商业书籍的一剂解毒良药。这本著作适逢其时。

——约翰·金伯利，宾夕法尼亚大学沃顿商学院教授

少有商业书籍能将对现实的透彻理解与科学的严谨精神完美结合。罗森维的大作正在此列。我们早已期待这样的杰作问世。

——菲利普·泰洛克，加州大学伯克利分校哈斯商学院教授

罗森维不仅仅拿充斥着科学错误的管理学书籍开刀，他还解释了它们出错的原因，以及你可以如何从中借鉴学习。

——约翰·凯，《金融时报》专栏作家，
《长明灯：经济学如何照亮世界》作者

罗森维以一种轻松娴熟的风格写作，使用简单而生动的例子，严谨而不迂腐地将那些所谓的专家观点一一推翻。

——世界大型企业联合会

本书观点犀利，直指商业世界和商业建议中存在的假象。

——《华尔街日报》

这是一本引人入胜、争论激烈的书。它挑战了我们对商业的认知，促使我们采取怀疑的态度看待研究结果。它呼吁我们理性思考，而不仅仅为经理人提供实用性建议。本书确实能帮助我们判断所听到的新旧观点是否可靠。

——《环球邮报（多伦多）》

这本书击破了许多商业书籍的内在逻辑，揭示出这些畅销书兜售的建议远远没有看上去那么有用。这是对商业书籍和商业报道一次彻底的甚至是毁灭性的打击。

——《卫报》

罗森维有力地控诉了管理类书籍的肤浅，批评了那些声称通过成功企业经验揭示优秀业绩根源的研究。

——约翰·凯，《今日管理》

这本书争论激烈，却又妙趣横生，揭示了许多管理类书籍研究方法不严谨、采集数据不可靠的问题。这类书籍成了令人安心的寓言故事，缺乏实证的可靠支持……该书敢于指名道姓……让我们看清了近年来最有影响力的管理类著作《基业长青》和《从优秀到卓越》的本质。

——西蒙·考尔金，《观察家报》

这本书对管理类书籍中的错误进行纠偏，其观点令人耳目一新。

——西蒙·霍加特，《卫报》

该书逻辑严密，结论合理。

——《经济学人》

罗森维的确应该因写出这本观念大胆、言辞挑衅的佳作而受到赞赏……他向商学院教授和商业出版物提出了严肃的挑战。

——《金融时报》

这本书巧妙地揭示了管理中的许多迷思和草率的想法。如果你不想成为人云亦云的傻瓜，而想像那句基普林名言那样，做到“众人皆醉我独醒”，这本书不失为一本很好的入门书。

——安德鲁 · 坎贝尔，阿什里奇商学院教授，《成长的博弈》作者

这是一部妙语连珠、发人深省的杰作。

——伍尤 · 杰克（Vuyo Jack），《商业报道（南美）》

目录

自序 / XIV　　前言 / XXII

1

我们知之甚少 001

为什么有的公司获得成功，有的却失败了呢？尽管相关研究数量众多，我们对此依然知之甚少。尽管有的研究达到了科学标准，但更多的称为伪科学更妥帖——它们披着科学的外衣，事实上称其为讲故事更合适。

2

思科传奇 025

20 世纪 90 年代末期，思科凭借出色的战略、对顾客的高度关注以及娴熟的收购技巧实现了业绩快速增长。当业绩泡沫破裂时，人们却说思科的战略不佳、忽略顾客、收购时鲁莽而不计后果。由于业绩下跌，历史被改写了。

3

ABB 的跌宕沉浮 049

当 ABB 业绩优异时，人们称它为新时代的奇迹，拥有伟大的企业文化、现代化的组织结构以及英明的领导者。而当 ABB 衰落时，它却被看作拥有自满的企业文化、组织结构混乱、领导者傲慢自大。ABB 自身并没有发生多大的变化——差异只存在于观察者的眼中。

4

我们身边的光环 071

影响我们商业思维的核心问题是光环效应。我们通常认为的影响公司业绩的许多因素，如企业文化、领导力等，往往只是基于公司业绩的简单归因。

5

实现自我营救的研究 091

有关公司业绩的学术研究是否能克服光环效应带来的影响？只有当它能以不受公司业绩影响的方式衡量自变量时，这才有可能实现。即便如此，许多研究依然存在其他缺陷，如因果关系假象和单一解释假象。

6

欲寻星光，却得光环 117

通过研究两部著名畅销书《追求卓越》和《基业长青》，我们不仅在其中发现了光环效应的踪迹，还有诸如专注胜者、缜密研究、长盛不衰等一系列其他假象。

7

堆积如山的假象 147

包括《从优秀到卓越》在内，随后的研究越发设计精巧、雄心勃勃，但却显露了它们关于公司业绩思考的许多错误，包括绝对业绩、本末倒置、组织物理学等假象。

8

故事还是科学？ 173

许多商业畅销书在科学方面存在严重缺陷，但作为故事它们却更加吸引人。它们能够激励和安慰读者，却关注错了重点，有时还会将经理人们引入歧途。

9

再探商业问题之源 193

那么究竟是什么造就了优秀业绩？有一种方式只关注两个要素：战略抉择与执行。然而，这两者都充满不确定性，这就解释了为什么公司业绩永远无法得到保证，为什么寻找成功秘诀的努力总是以失败告终。

10

摆脱光环 213

经理人如何才能不被假象蒙蔽，大步向前？想想那些明智的经理人。他们抛开一厢情愿的想法，用智慧和清晰的头脑带领公司发展。他们清楚地认识到公司业绩的不确定性，并且努力提高成功的可能性。

11

贪婪与经济大衰退 237

人们为经济大衰退提供了一个满意的解释，那就是贪婪。尽管在华尔街动荡、丰田汽车召回事件和英国石油公司漏油事件发生后，人们似乎很容易就能觉察到贪婪，但要提前发现贪婪的迹象却要困难得多。无论什么时候，只要事情出现差错，人们就会推断这是由于贪婪。而这只是光环效应的另一种体现。

12

回到当前 257

在本章中，我们将会看到英特尔、罗技和罗伯特·鲁宾过去几年的命运是如何变化的。苹果公司在光环笼罩下熠熠生辉，它的成功可谓空前，却难以长久保持。与此同时，乐高公司实现了惊人的转变，也让我们想起优秀业绩的两大驱动因素：合理的战略抉择以及严格的执行。

附录 /278　　致谢 /286　　参考文献 /290

假象一：光环效应

倾向于将公司的整体业绩归功于企业文化、领导力、价值体系等因素。事实上，大部分所谓的公司业绩驱动因素都要归功于先前业绩。

假象二：因果联系

两件事物或许相关，但我们无法断定何者为因。员工满意度高就能带来优良业绩吗？证据表明事实正好相反：公司成功对员工满意度影响巨大。

假象三：单一解释

许多研究都将公司业绩提升归功于一项特定因素，如强有力的企业文化、关注顾客或领导英明。但由于许多因素之间联系紧密，单一因素的影响常常被夸大。

假象四：专注胜者

如果只是挑选成功企业并寻找它们的共同点，不将其与不成功的公司进行对比，那么将无法找出公司成功的原因。

假象五：缜密研究

如果数据质量不高，数据的数量和研究方法的复杂程度毫无意义。

假象六：长盛不衰

几乎所有业绩优秀的公司都会随着时间逐渐衰退。长盛不衰的承诺虽然诱人，但并不现实。

假象七：绝对业绩

公司业绩是相对的，而非绝对的。一个公司可能在业绩提升的同时也被其竞争对手落得更远。

假象八：本末倒置

成功企业大多追求高度一致的战略，但这并不意味着高度一致的战略就一定能带来成功。

假象九：组织物理学

无论我们多么渴求确定性与秩序性，公司业绩并不遵循自然界的恒定法则，也无法用精准的科学进行预测。

自序

自《光环效应》首次出版以来，世界上许多事情都发生了变化。即便如此，本书所讨论的主题——普遍存在于商业世界、导致我们误解公司业绩本质的假象与错误，依然毫不过时，甚至更适用于解决当下的问题。

正如约翰·凯（John Kay）在《金融时报》（*Financial Times*）中所言："光环效应如此强大，当事情进展顺利时，公司业绩的各方面都会受到赞扬；当命运之轮开始转动，事情进展不佳时，人们也会对其各个方面进行重新评估。我们寻求过于简单的解释，我们渴望找到伟大的人物和卓越的公司，这阻碍了我们理解复杂的真相。"

从价值投资到安全工程，从精益生产到风险分析，从审计到制药研究，

《光环效应》受到各行各业管理者的欢迎。这些领域有何共同之处？它们都需要从可靠的数据中得出合理的结论。本书同样受到学者们的赞赏，他们用它来帮助学生批判性地思考公司业绩，并开展可靠的研究。

我很高兴《光环效应》能引起许多国家的读者的共鸣。虽然我采用的例子大多是美国的，但书中的观念在世界范围内得到了响应。我要特别提及三个国家：英国、中国和印度。

在本书的英国版中，我被要求寻找英国公司光环效应的例子。这些例子近在咫尺。2005 年，在《今日管理》（*Management Today*）针对 220 家企业开展的“英国最受尊敬的公司”调查中，英国最负盛名的零售商玛莎百货（Marks & Spencer）名列 127 位。但随着首席执行官斯图尔特·罗斯（Stuart Rose）的战略开始施行，玛莎百货的业绩开始增长。2007 年，玛莎百货名列榜首，被誉为英国最受尊敬的公司。它不仅总体得分最高，在 9 项评分中有 5 项名列第一：产品和服务质量、市场营销质量、资产的合理使用、长期投资价值以及吸引和留住人才的能力。在其余 4 项上它也名列前茅，包括管理质量（第二）、财务状况（第二）、社会和环境责任（第二）、创新能力（第三）。玛莎百货在这次评选的 9 项指标中没有一项跌出前三。

玛莎百货是不是真在 9 项不同指标上都几乎达到最好？这看起来太理想以至于有些不真实——很遗憾，这的确不太真实。玛莎百货在《今日管理》调查中展现出的成功为这本书所要描述的现象提供了一个绝佳范例。当玛莎百货将其出色的销售额与利润公之于众时，这家公司就被罩上了光环，光芒几乎覆盖了它所做的一切。观察家们被其卓越的业绩震撼，推测玛莎百货一定勇于创新、管理高效、营销策略出色等等。尽管它声称自己的研究严谨，调查了数千名经理人，《今日管理》并没有采用客观标准来衡量这些指标。它要求得到的只是人们的看法，而这些看法几乎无可避免地受到财政业绩的强烈影响。

毫不意外的是，当玛莎百货第二年业绩下滑时，它在几乎所有这些指标的排行都跌出了前列。没有客观的衡量标准和可靠的数据，这项调查不过是伪装成科学研究的故事。当然，大多数读者都被该项调查巨大的样本数和明显精确的统计数据震撼——玛莎百货的总体评分高达 76.33（评分精确到小数点后两位），看不出究竟哪里出了问题。这是因为他们被我称为“缜密研究”的假象所迷惑了——这是本书将谈到的第五个假象。明智的读者不应被愚弄。他们应该意识到，像这样的研究看起来涉及 9 种指标，实际上只触及了 1 项基本看法，只是随后用 9 种不同方式表达出来——这可是截然不同的两件事！

在遥远的中国，光环效应的影响同样强大。

我的一位中国同事给我讲了很多故事，这些故事都是公司在飞速发展的时期如何被人们交口称赞，而一旦业绩下滑，它迎来的就是人们的激愤之情。公司的声誉在上升时期被夸大，业绩下滑时再被同样的热情所摧毁。

对《光环效应》最具启发性的回应来自印度。印度最大的私有银行印度工业信贷投资银行（ICICI Bank）与我取得了联系。这家银行在过去10年间飞速发展，商业出版物上刊登了许多吹捧它的文章。印度记者们与世界各地的记者一样，迫不及待地开始大肆赞扬。该银行的几位高管十分理智，他们对这种大肆吹捧的现象感到担忧。正如其中一位向我解释的那样："我们不介意别人给我们戴上光环，但不想被自己的成功所愚弄。我们需要了解促使自己成功的因素，并努力做得更好。"该银行的领导者希望关注一家金融机构业绩的真正驱动因素，而不仅仅是因为整体业绩强劲就推断自己在执行或客户服务方面表现优异。他们不希望被自己成功的光环所迷惑。

故事并没有就此结束。2009年，在银行业遭遇严重衰退后，印度最大的几家银行——包括印度工业信贷投资银行在内，都受到了批评。正如公司高管们所理解的那样，在繁荣时期不被过多的赞扬蒙蔽十分重要；而如今处于低迷时期，不把批评放在心上同样非常重要。尽管资本市场动荡不安，投资者行为反复无常，但印度工业信贷投资银行的基础业务模式依然稳定。观察家们再次根据当前业绩表现进行了极端的归因，无论是积极归因还是消极归因。正如沃伦·巴菲特对投资者的观察，他们常常会在两个方向上走极端，要么过誉要么过贬。

印度工业信贷投资银行的高管们思维如此清晰，给我留下了深刻的印象。许多其他公司经理人的态度也令人欣喜。我赞赏他们希望理解公司业绩背后的驱动因素，而不是被假象所愚弄。

然而要做到这一点，我们还有很长的路要走。我们在商业世界中反复听到和看到的许多东西都充满了错误。在商业报刊、学术研究、顶尖咨询公司开展的研究以及每年出版的商业书籍中，到处可见光环效应的影子。尽管他们声称自己进行了严谨的研究，给研究披上了科学的外衣，但他们采用的变量与想要解释的问题之间往往存在密切联系，并不相互独立。

的确，自《光环效应》出版以来，又有几本类似作品问世，声称能够揭开卓越业绩的秘密。其中一本书着眼于初创企业——是针对初创企业推出的《从优秀到卓越》(*Good to Great*) 同类书。另一本则研究欧洲企业，是《基业长青》的旧大陆版本。还有一本书将问题反过来问，研究是什么导致了成功企业的失败。这类书籍之所以如此畅销，是因为人们依然被那些简单的解决方式深深吸引。大部分书籍都存在这本书所揭示的缺陷：如果你根据结果（无论是成功还是失败）来选择公司，然后收集受这些结果影响的数据，那么你永远不会了解业绩的真正驱动因素。你只会知道人们如何描述业绩优良的公司和业绩不佳的公司。

在 2007 版的 10 个章节的基础上，我又新增了两个章节。

第 11 章“贪婪与经济大衰退”着眼于自本书出版以来最重要的经济事件，2008 年到 2009 年的金融危机。比起给业绩优良的公司戴上光环，人们开始问相反的问题：是什么导致失败？一个常见的解释是贪婪。我们将会看到，无论这个解释多么安抚人心，它实际上只是光环效应的又一个例子。以任何失败为例，人们都有可能将矛头指向贪婪。这当然能充当一个很好的故事，但无法让我们吸取最重要的教训。

第 12 章“回到当前”则带来了 2007 年版中介绍的一些人物和公司的最新故事。我们将看到他们在本书首次出版后至今的发展态势，通过他们如今的处境寻找光环效应的证据。

最后我还有一些话要说。许多读者曾问，为什么2007年版对安然（Enron）和其他公司渎职行为的例子浅谈辄止。这是一个好问题，因为安然就是光环效应的一个典型例子。当安然收入和利润创下历史新高，从它的企业文化到创新的金融工程，再到具有远见卓识的管理者，人们对安然的一切都赞不绝口。

安然曾是加里·哈梅尔（Gary Hamel）2000年出版的《领导革命》（*Leading the Revolution*）一书中创新精神的绝佳典范，而该公司2001年的倒闭引发了些许尴尬，最终这本书迅速进行了修订，2002年重新出版。在哈佛商学院，同样有许多赞扬安然创造力和创新商业模式的案例研究。但在安然衰败后，这些案例都从哈佛商学院案例目录中消失了，取而代之的是那些以腐败和领导者失职为主题、充满警示意味的案例研究。

为什么这本书很少提及安然？因为安然牵涉到犯罪行为，分散了我们的注意力。我的观点要更加触及根本：人们很自然地会根据总体印象做出推断。他们这样做似乎完全符合逻辑。这构成了一个逻辑连贯的故事，能帮助我们理解周围的世界。然而当我们让总体印象影响自己的思维时，我们走上的是一条不归路。犯罪行为不是我们陷入光环效应的必要条件。只要我们在根据结果挑选例子，再根据这些总体结果做出推断，我们就是在自找麻烦。

我的目的和这本书首次出版时一样，是帮助经理人学会独立思考，让他们看穿商业世界中被误作知识的低劣推理和种种花招。

《光环效应》是为了帮助经理人培养批判思考的能力，使他们更善于把握商业世界的复杂真相。如果你已经准备好提高自身能力，并希望使自己免受那些所谓专家的误导，那么这本书就是为你而准备的。

前言

本书是关于商业管理成败真伪的，目的在于帮助经理人学会独立思考，而不是听从管理专家、咨询师和业内精英们所谓的最新成果。对善于思考的经理人而言，这本书就像一位向导，教他们如何吹尽黄沙始到金。

当然，还有很多书可供那些想要揭开成功奥秘、学习占领市场或成功六部曲的人选择。每年市场上都有上百本书，声称能揭开如通用电气（General Electric）、丰田（Toyota）、星巴克（Starbucks）、谷歌（Google）等顶尖公司的成功秘诀。为迈克尔·戴尔（Micheal Dell）、杰克·韦尔奇（Jack Welch）、史蒂夫·乔布斯（Steve Jobs）、理查德·布兰森（Richard Branson）

等商业领袖所写的传记也并不罕见。还有书籍教你如何不断创新，如何想出万无一失之计，如何建立跨国企业，如何不再为竞争烦恼。

事实上，就算有了这些所谓的秘籍诀窍和思想领袖的帮助，商业成功也依然难以把握。随着全球竞争的日益激烈和越来越快的技术革新，取得商业成功甚至可能比过去更为困难。这也解释了我们为何如此渴求捷径。严峻的形势迫使我们去寻找灵丹妙药。

问题并不在于所谓的右翼、左翼、华尔街或常春藤阴谋。部分原因在于读者希望寻求便利。管理者通常日夜忙碌，面临着创效增收和带给股东更多收益等种种压力。他们自然而然地转向那些现成的答案、快速见效的招式，好让自己能领先于对手。商业书籍的作者——那些顾问、学者和策略大师自然也乐于献上他们的妙计。需求刺激供给，而供给又有了现成的需求，就这样周而复始。

但造成这种局面的不只是商业书籍作者的懒惰贪婪，还有许多有识之士努力想要找出企业成功的原因。如果他们找不出确切的原因，我们就应该问问为什么。为什么难以发现业绩优秀的原因？为什么那些渴求成功之道的聪明人在经历数年收集上百家企业的大量数据后，依然无法找出可靠的答案？是我们提问的方式有误，还是寻求答案的方法不对，我们才苦求真相而不得？

本书的中心思想是，我们对商业的种种看法受到了一系列假象的蒙蔽。在我之前，有许多作者已经对商业假象进行了探讨。查尔斯·麦凯（Charles Mackay）在他1841年的经典著作《大癫狂：群体性狂热与泡沫经济》（*Extraordinary Popular Delusions and the Madness of Crowds*）中，记录了从荷兰郁金香热潮到投机泡沫等实践中公众判断力的失误。在那之后，认知心理学家又发现了在不确定状况下影响个人决策的诸多偏见。这本书探讨的是与前者不同的其他假象，有的扭曲了我们对公司业绩的认知，阻碍了我们了解企业成败的原因。这些假象在我们阅读的商业杂志、学术著作和管理类畅销书中比比皆是，使我们不能清醒思考，不能看清商业成功的本质。

"假象"一词是不是太过了？我不这么认为。我的一位多年好友迪克·斯塔尔（Dick Stull）这样解释幻象与假象的区别：迈克尔·乔丹（Michael Jordan）在灌篮的某一瞬间看起来像悬在半空中，这是幻象，你的眼睛捉弄了你；但你要是认为穿上耐克鞋、拿起篮球就能摇身一变成为乔丹第二，那么这是假象。你在欺骗自己，这根本不可能发生。我在本书中所描述的假象就有些像后者，它们似乎保证只要你这样或那样做就能成功，但它们本质上是有缺陷的。事实上，近些年的商业畅销书中存在的假象不止一处。它们声称科学严谨，对研究进行了连篇累牍的细致描述，实际上是在编造故事。它们用励志故事来安慰读者，但其逻辑经不起推敲。它们不过是在制造假象。

马克·吐温（Mark Twain）曾说："永远做对的事，这将满足一些人，其他人则感到惊奇。"我的目的与他有些不同。我既不打算迎合讨好，也并非要说出惊人之语。我希望这本书能引发讨论并提高商业思维的水平。商界的聪明人已经够多了，他们聪慧敏捷，对当下的经营理念了如指掌。但真正明智、有洞察力、善于思考且明辨是非的经理人却寥寥无几。我希望本书能让管理者更明智，更具洞察力，能适当地提出质疑，不再为简单的公式或所谓的快速补救措施所蒙蔽。为什么这个目标值得为之努力呢？我在商界活跃超过 25 年，曾在一家顶尖的美国公司担任管理岗位，后任哈佛商学院教授一职，在过去 10 年中还在瑞士洛桑国际管理学院任教，每天都在与各行各业的主管打交道。我多次观察到这样一种趋势：管理者和教授都倾向于接受简单的答案，尽管有些明显过于简单且存在错误，但他们更愿意尝试理解那些快捷方法，而非提出疑问，独立思考。

但是，我并非要教你们思考的内容，而是让你们独立地进行批判性思考。

你或许会发现本书有些部分存在争议。如果是这样，那就对了。我希望你不要全盘接受我所写的内容，而是学会质疑。对我来说，在这方面的典范之一就是人工智能之父赫伯特·西蒙（Herbert Simon），他凭借有关决策方面的著作获得诺贝尔经济学奖。从 20 世纪 40 年代后期到 2001 年离世，他一直在卡内基·梅隆大学任教。在他的回忆录《我生活的种种模式》（*Models of My Life*）中，西蒙描述了他在 20 世纪 60 年代的几次耗时费钱的出国实地调查经历。这些经历促使他构想出“旅行定理”，具体内容如下：

> 一个正常的美国成人在海外旅行期间（少于一年）所学到的东西，都能在圣迭戈公共图书馆学到，而且更快捷、更经济、更便利。

这个定理反响如何？西蒙写道：“人们几乎猛烈地攻击我的‘旅行定理’。我试图说明这与旅行的愉悦无关，而是关乎旅行学习的效率。但他们对我的解释置若罔闻，依然满怀愤慨。他们说我常年旅行，为什么别人就不能旅行呢？待冷静下来开始理解这条定理时，他们依旧攻击它。用理性来冷却他们的激情耗费了不少时日，但是这种激情不会熄灭，只能暂时减退。他们想，何必与疯子争论呢？”

我认为“旅行定理”挺不错的，这并不是说我认同它，而是它激发了我的思考。它让我不禁发问：旅行的真正目的是什么？是为了消遣还是为了学习？如果是为了学习，我想学的是什么，学习的最佳方式又是什么？我是不是应该将时间与金钱花费在搜索现有资源上，而不是跑到天涯海角求道？你也可以不同意“旅行定理”，但这不是关键。关键在于它启发了我们思考——在什么情况下这个定理是正确的，什么情况下又是错误的。这种批判性思考永远对我们有所帮助。

大多数管理书籍都在问一个问题：是什么造就了优秀业绩？本书将解决一个不同的问题：为什么难以找到业绩优秀的原因？我的目的是将问题摆到台面上来，问一些我们不常问的问题，指出蒙蔽我们的假象。本书的大部分内容，从第 2 章到第 8 章，都在表明为什么权威、顾问、教授、新闻记者等专家们也常常出错。它揭示了我们身边那些商业著作、学术研究和近年的畅销书中存在的假象。但是这远远不够。我们扫清了渗透在大众商业思维中的假象，接下来又该怎么做？下一步，明智的管理者需要关注影响企业业绩的各种要素，同时也需要认识到存在于商业世界核心的不确定性。本书第 9 章和第 10 章针对的就是这些问题，告诉管理者们如何以更有洞察力的方式看待企业业绩，尊重概率，从而摆脱假象。幸运的是，现在有许多管理者为我们提供了典范，因此，第 10 章将简单介绍一些成功的管理者作为我们的学习对象。

在彩虹尽头真的有财宝吗？如果有，也并非通常意义上的财富。本书的任何一处都没有许诺商业成功，也不保证你只要遵守了 4 条规则、5 点计划、6 个步骤后就能取得预想中的成功。但我坚信，清晰智慧的思考方式比书架上商业畅销书中的漫思随想更为重要。

本书中出现的另一个智者声音来自物理学家理查德 · 费曼（Richard Feynman）。他曾说现在许多领域都有一种日渐浮夸的趋势，让事情看起来深不可测。仿佛我们知道得越少，就越要用听起来极为复杂的术语将其包装。这种现象见于许多领域，无论是社会学、哲学、历史学还是经济学，商界也不例外。我怀疑这些商业书籍的乏味正是源于我们想要看起来无所不知，也因为我们不愿承认自己所知有限。在阅读一位尤为妄自尊大的哲学家的著作后，费曼这样说道：

> 让我印象深刻的并非他的哲学，而是显现其中的浮夸之意。要是他们能自嘲一番就好了！要是他们说，“我是这么看的，但莱比锡（von Leipzig）是那样认为的，他也不错”，要是他们说这是他们最好的猜想就好了！

好了，这就是我最好的猜想，这是我看待问题的方式。

1

我们知之甚少

我们知之甚少，我们所寻却多
谁费心定义这化学反应
谁又关心你我唇齿缠绵
幸福本是无知

——《我们知之甚少》(*How Little We Know*)
卡罗琳 · 莉作词，菲利普 · 斯普林格作曲，1956 年

2004年1月，在一个销售业绩极为惨淡的圣诞假期后，丹麦玩具公司乐高（Lego）解雇了他们首席运营官波尔·普劳曼（Poul Plougmann）。没有人质疑这一决定。惨淡的圣诞销售业绩只是压死骆驼的最后一根稻草。乐高过去一年的收益下降了25%，全年损失创下历史新高，达到2.3亿美元。是哪里出了差错？创始人的孙子，乐高首席执行官克凯尔·基尔克·克里斯蒂安森（Kjeld Kirk Kristiansen）将此简单解释为：乐高“偏离它的根基太远，将过多精力投入到哈利·波特玩具等文化周边商品中。尽管J. K. 罗琳的《哈利·波特》系列小说依然畅销，但其周边商品却反响平平”。至于解决措施，乐高宣布它将“回归根本”。克里斯蒂安森立志：“我们将会关注盈利，尤其是我们核心产品的诱人潜力。”

这样的故事并没有什么特别之处。每天我们都能看到有的公司经营良好，有人步步高升；有的公司则业绩不佳，有人被解雇。今天是乐高，明天可能就会是其他企业。风水轮流转。

我对乐高并不感兴趣。正如《卡萨布兰卡》(*Casablanca*)中里克所言，一家丹麦家族式玩具企业的问题在这个疯狂的世界中不值一提。我感兴趣的是我们如何解读乐高的业绩表现，因为我们正是用同样的方式来思考其他公司的兴衰成败的。我们并不仅仅想要了解乐高骤降的销售业绩，我们更想对这一现象做出解释。问题绝不仅仅是运气不佳。乐高玩具曾占据全球各地的玩具专柜，是一代又一代儿童的忠实玩伴，这样一家不可一世的大企业遭遇滑铁卢，其中必定存在其他原因。商业传媒如何解释乐高的失败呢？有些报纸将其归结于美元对丹麦克朗汇率的下跌，这也就意味着占据乐高总市场半数的北美市场销售额在账面上贬值了。有的记者注意到乐高的新近强敌总部位于加拿大蒙特利尔的美高玩具公司（Mega Bloks Inc.）抢占了它的市场份额，但这些只是次要问题。乐高亏损的主要原因究竟是什么？乐高偏离了它的核心，它失去了自己的根基。乐高首席执行官是这么说的，也是包括《金融时报》、《华尔街日报》(*Wall Street Journal*)、美联社（The Associated Press）、彭博资讯（Bloomberg News）、《北欧商业报告》(*Nordic Business Report*)、《丹麦新闻摘要》(*Danish News Digest*)、《塑料新闻》(*Plastics News*)在内的多家媒体所报道的。基于这种解释，不同媒体都报道波尔·普劳曼明显要被解雇了，被炒鱿鱼了，被辞退了，被开除了，被解聘了，被撤职了，被革职了，或者简单地说，要解除他的职务。但是除了形容他离职的动词有所不同外，这些文章并无多大区别。乐高的大错就在于它偏离了核心。

让我们来看看偏离（stray）这个词。《美国传统英语词典》（*The American Heritage Dictionary of the English Language*）将偏离定义为“离开既定边界”，“背离公认正确的道路”，“迷失”。导弹会偏离轨道，击中错误的目标。流浪的家犬也被称作偏离的狗。如果一家公司进行了一项愚蠢的投资，离开了自己的道路，迷失了自我，它也算作偏离了。显然这正是乐高公司所犯的错误，它本该专注于核心产品线，却开始贩卖文化周边商品。它确实偏离了核心。

贝恩咨询公司（Bain & Company）的克里斯·祖克（Chris Zook）在他 2001 年的著作《主营利润》（*Profit from the Core*）中说，当公司为固定的顾客群提供种类相对有限的产品时业绩最好，当公司尝试不同种类的产品或者转向其他顾客群时，结果却常常不尽如人意。这正是隐藏的陷阱：我们应该如何定义公司的核心呢？祖克指出公司可以在至少 6 个方面适度扩张——新地域、新渠道、新顾客群、新价值链、新业务和新产品。通过其中任何一项拓展到邻近方面都是明智之举，它能从核心发散开来并取得成功。但它们其中任何一项也可能危机四伏，甚至全军覆没。那么我们如何得知该选择从哪一方面入手？核心范围和偏离核心又该怎样界定？当然，事后反思总是轻而易举，但怎样才能未卜先知呢？

让我们回到乐高的例子上。多年来，乐高公司只做一件事，即制造和销售积木玩具。这就是乐高的核心。凭借现代注塑制造技术，乐高公司生产出颜色多样、形状和大小各异、适合儿童玩耍的积木。孩子们能用乐高积木搭建出任何他们所能想到的造型。乐高所做的始终围绕积木玩具，别无其他。它主导了市场份额，在经销商和零售商中有很大影响力。在这一市场上，乐高是商业霸主。

不幸的是，商业世界中没有什么是永恒不变的，消费者喜好千变万化，技术革新日渐加快，新的竞争对手层出不穷。随着孩子喜欢电子游戏的年龄越来越低，传统玩具的市场停滞不前。早在 20 世纪 90 年代，简单的塑料积木已经是成熟产品。如今世界上到处都是电子游戏和电子玩具，塑料积木难免让人感到乏味无趣。如果乐高公司想要继续壮大，或者是维持现有规模，它应该开始尝试些新事物——问题就在于该尝试些什么？在所有乐高公司可能尝试的产品中，尝试哪种最有意义？如果乐高公司决定进军金融服务行业，那就是偏离核心。“玩具公司要转做银行？他们哪了解银行业！”要是这样的冒险举措失败了，无人会对此感到讶异。结果就是兢兢业业的管理人毫不犹豫地被当场辞退。要是乐高公司新建一条儿童服装生产线呢？结果就不太好说了。乐高对儿童了解甚多，也了解消费品，它在零售经销方面颇有影响力，但在服装行业还没有，至少目前没有。它也许能成功，也许不能。那么投身电子玩具怎么样呢？这同样难以定论。或许乐高能以在传统玩具界的经验为基础，在电子游戏领域取得进展，这又有什么不可能呢？事实上，乐高曾经研发过《生化战士》（*Bionicle*）光盘游戏以及由个人电脑控制、积木搭建而成的“头脑风暴”（Mindstorm）机器人。但哈利·波特玩具如何？塑料玩具又如何？这些产品应该恰好属于乐高的核心。如果说哈利·波特玩具都不在乐高核心内的话，我们不禁要问乐高的核心范围究竟有多窄。如果乐高核心仅限于传统积木，我们难免质疑只此一项怎能为年收入 20 亿美元的大企业提供足够的增长机遇。

事实上，乐高将波尔·普劳曼从丹麦高品质音响制造商 Bang & Olufsen 公司聘请过来的部分原因正是为了寻找新的商业机遇。雇用波尔被视为一条妙计，这正好说明乐高在 1998 年首次亏损后致力于实现新的业绩增长。在他的带领下，乐高开始涉足电子玩具和文化周边商品领域，最初反响不错，那时并没有人指责乐高偏离核心。但 2003 年销量暴跌后，克里斯蒂安森失去耐心，不再支持波尔·普劳曼。“我们采取全心投入新产品来实现增长的策略，但结果没有达到我们的预期。”于是在 2004 年，乐高决定“回归核心”，“关注盈利”。这有些奇怪，因为乐高最初追求新的商业机遇，所想的不正是实现利润增长吗?

让我们将时钟拨回到1999年。假设乐高当时决定坚守塑料积木，不涉及其他领域——不，我们对哈利·波特的周边产品不感兴趣，那不过是最流行的儿童读物，前两部电影的全球票房达到12亿美元。那么，明年的头版头条或许就会是这样：由于乐高销量停滞，高管被迫卸任。报道的大致内容则会是这样：“丹麦家族企业死守成熟产品线，错失增长机遇，不及勇于创新的竞争对手。”分析家们则评论称乐高不敢大步向前。它缺乏远见，故步自封，管理者过于怯懦却又自负——甚至可以称得上傲慢。

当然，有的投资纵使背离核心，依旧获得巨大成功。长久以来，美国最大的实业公司通用电气公司业务涉及电灯泡、冰箱、飞机引擎和塑料等。20世纪80年代，它出售了小家电和电视等传统业务产品，同时大举进军金融服务业，包括企业金融服务、个人金融服务和保险业。如今，金融业带来了通用电气公司40%以上的利润，总价值接近80亿美元。通用电气公司偏离核心了吗？答案是肯定的。

但因为通用电气成就斐然，就没有人质疑该公司总裁是否头脑清醒。《财富》（*Fortune*）杂志2005年“全球最受尊敬的公司”调查显示，通用电气公司排在沃尔玛（Wal-Mart）、戴尔（Dell）、微软（Microsoft）、丰田之前，位列第二。此前它已经连续6年高居榜首。偏离核心的危害也不过如此。

在普劳曼离职后的数周，英国《品牌战略》（*Brand Strategy*）杂志进一步分析了乐高的发展前景。和其他报道一样，它也认为乐高的失败源于“对诸如星球大战、哈利·波特等新产品的关注，以致削弱了核心产品”。《品牌战略》还进行了更深入的分析，它采访了几位业界专家，问他们乐高应如何应对。这些专家应该对玩具业和主要厂商了如指掌，能够提供切中要害的建议。他们要回答的问题就是：乐高公司现在该怎么办？

赫赫有名的伦敦玩具商店哈姆利（Hamley's）的一位市场经理是这么看的：

> 乐高不应该忘记他们是因为什么出名的——那些色彩缤纷的积木玩具。它的市场营销令人印象深刻，但乐高应该继续拥有吸引人的卖点。

以下是一位玩具和游戏产业分析师的建议：

> 近年来，乐高公司有些迷失了自己的方向。它将业务扩展到各个领域，但却收效不佳。乐高应该专注自己擅长的项目，重新回归到玩具上无疑是正确之举。

这是另一位玩具业专家的观点：

> 乐高应该牢记自己的传统；听取客户需求；敢于创新；关注带来长期成功的关键要素；寻求渐进式发展而非变革。

这些建议听起来多好啊！每个行业专家都建议乐高同时走两条路：既要牢记传统，专注自己得以成名的老本行，又要不断创新，找出让人眼前一亮的卖点。还记得吗，乐高曾做的正是寻找新的卖点，结果却因忽略核心而一败涂地。谁能想到乐高找错了卖点呢！没有一位专家给出清晰的建议，给它指出确定的方向。他们想让乐高占尽一切好处。我敢说要是乐高重新赢利，这些专家里每个人都会说：看吧，多亏乐高听从了我的建议！要是乐高持续亏损，他们就会说：这正是因为乐高不听取我的建议啊。这就是行业专家，那些大概要比你我更了解玩具业的人！

波士顿红袜队（Red Sox）的杰出外场手特德·威廉斯（Ted Williams）曾说，有一件事令他愤怒又烦躁，那就是当跑垒员站在垒上，对方击球手到达垒板区时，球队经理走向投手丘，对投球手喊道："别给击球手投好球，但也别让他跑垒。"然后又转身回到休息区。特德说，简直莫名其妙！投球手当然不想给击球手投个好球，当然也不想让他跑垒。投球手早就知道了！唯一有用的建议是："在这种情形下，你实在不想让击球手跑垒，那你最好投个好球。"又或者："在这种情形下，你实在不想给击球手投个好球，那你最好让他跑垒。"但棒球队的经理就像行业分析师一样，他的建议同时占据两边的好处。

最后再回到玩具产业。到处充斥着有关乐高的喧嚣与骚动，事实上，其他玩具制造商也在苦苦挣扎。美国最大的玩具厂商美泰（Mattel）在经历多年的跌宕起伏后，在 2004 年 7 月宣布本公司最出名的产品，芭比娃娃的销售额下跌 13%。芭比娃娃的销售惨状部分源于 MGA 玩具公司生产的号称"更时尚的玩偶"，贝兹娃娃（Bratz doll）蚕食了芭比娃娃的市场份额。为了重振芭比娃娃的销量，美泰打算怎么做？关注核心？不，它准备开发一条以电视选秀节目《美国偶像》（*American Idol*）为原型的新生产线，以及一条名为"时尚狂热"（Fashion Fever）的基于时尚的生产线。乐高得出生产周边产品并不是个好主意这一结论的几个月后，美泰却决定尝试这个方法。

“漂移”的 WH Smith 和“扩张”的诺基亚

被指责偏离核心的企业不只是乐高，还有身陷困境的报纸杂志零售连锁店 WH Smith。100 多年前，WH Smith 作为伦敦报纸批发商起家，历经多年发展为拥有多家书摊和书店的企业。这不足为奇。《纽约时报》（*New York Times*）报道：“20 世纪 80 年代后，WH Smith 不囿于书籍报纸，开始拓展业务，货架摆上了音像制品、办公用品、文具和礼品等物。但分析家说，由于漂移于核心产品之外，它在竞争中处于劣势。”现在的 WH Smith 需要与超市和其他大型商场竞争，这可是个危险的游戏。

注意漂移（drifting）这个词。按照《纽约时报》的说法，WH Smith 并非“扩张”（expand）或“多样化投资”（diversify），而是漂移。《美国传统英语词典》将“漂移”定义为：“漫无目的地从某处移动到另一处”，“随着气流或水流移动”，“从既定轨迹或关注点偏离开来，背离”。顺流而下的筏子是“漂移”的，随着潮水流动的木头是“漂移木”，没有方向或目的的人是“漂移者”。

那么，是谁说 WH Smith 漂移的？谁说销售音像制品和办公用品就是偏离核心？为什么我们认定WH Smith卖文具和礼品就是没有明确目标？它既没踏足书籍出版，也没有尝试销售生鲜或饮料。WH Smith更没有新增需要销售人员介绍的产品，像是电子产品或者需要退换的物品。它所做的不过是增加了一些快速流通的消耗品，拓展了货架上的产品种类，除此之外别无其他。WH Smith所做的不正是利用现有能力，找出吸引核心客户的相邻领域吗？事实上，WH Smith面临的困境与版图扩张的经典难题极为相似：随着大型商场和超市扩张版图，将WH Smith的销售商品囊括在内，WH Smith不得不决定是坐以待毙还是拓展版图作为回应。在这种情况下，它能走的最好一步棋就是增加商品种类。或许出于某种原因，新的版图运行不佳，如库存管理不善或物流能力不足，或者仅仅是因为它无法与沃尔玛、西夫韦（Safeway）等超市的采购力抗衡。但这并不是说WH Smith"漂移"了。

让我们按下快进键来到当下，看看如今公司有没有采用什么绝妙的策略。自20世纪90年代中期以来，诺基亚（Nokia）一直是手机行业的领跑者，其技术先进，设计时尚，品牌经营眼光独到，占据了全球最大的市场份额。但到了2004年，诺基亚感到了强劲对手带来的竞争压力，压力大部分都来自成本低廉的亚洲企业。那些带有相机、日历、计算器和收音机功能的手机面临着降格为基础商品的风险，诺基亚的赢利空间惨遭打压。诺基亚打算怎么做呢？它会加倍关注核心，加大对手机的投资吗？事实并非如此。《商业周刊》（*Business Week*）说诺基亚意在“扩张领域，进军手机游戏、图像、音乐甚至包括为公司提供的复杂的无线系统”。新的领域发展前景诱人，利润也更高，但它们却不在手机设计与制造这一诺基亚的核心范围内。比起 WH Smith 销售文具、乐高生产哈利·波特玩具，诺基亚进军的这些新领域偏离核心更远。为什么《商业周刊》不称诺基亚此举为“偏离”或者“漂移”呢？为什么诺基亚只是在“扩张”呢？这是由于当时没有人知道诺基亚会成功还是失败，于是《商业周刊》巧妙地选取了一个中性词“扩张”。此外，从各个方面来看，诺基亚的策略很有道理，它从低利润的空间转向了高利润的领域。如果诺基亚的转变得以成功，它就会因战略灵活和管理有方受到赞赏。如果它失败了，记者们就会说它犯了涉足不了解的产业的错；它“偏离”了，或者说“漂移”了。总裁（或他的继任者，如果他与波尔·普劳曼有同样遭遇的话）就会决定让诺基亚回归根本，在手机这一老本行上再接再厉。但若诺基亚坚守手机市场，市场份额减少，利润空间缩小，报纸就会将其解读为这是由于诺基亚骄傲自大，故步自封，固执保守。我们就会看到如“无怪乎诺基亚失败了，它没能根据市场动向做出反应，它不与时俱进”这类的话。

商业问题的根源

上述的乐高、WH Smith 和诺基亚的个案都是商业世界最基本问题的不同例子。这个问题就是：业绩优秀的原因是什么？这是一切商业问题的根源，是圣杯的华尔街版本。为什么有的企业成就显赫，使股东身价倍增，而有的却只能勉强维持，利润微薄，甚至一败涂地？公司成败的缘由难以说清。乐高销售周边产品就错了吗？在当时，这个决定是很有道理的。只是后来结果出来了，乐高的决定就被认为是受到误导，考虑不周。这只是反思得出的结论。乐高的投资的确没有收到良好成效，但这并不是说它做错了。还有许多其他因素都可能导致乐高的失败，如货币变动、竞争对手的对策和消费者喜好的突然转变等等。并且采取其他策略也并不一定就能得到好结果。然而当我们看到“偏离”这类字眼，我们很难不得出“乐高错了”这一结论，因为这个词本身就暗示着乐高的判断并不明智。如果我们知道诺基亚的新转向可能带来怎样的结果，我们可能会采用比“扩张”更精确的词，我们或许会充满信心地说它“考虑不周”或者是“睿智英明”。但我们没有。

再来看看一家 1962 年在阿肯色州一个小镇上起家的折扣零售商。沃尔玛是怎样发展为全球最大的企业的？大到每日的销售额高达 10 亿美元，占宝洁（Procter & Gamble）销售额的 30%，销售全美 25% 的纸尿裤和 20% 的杂志，甚至可以通过拒绝销售杂志和 CD（激光唱片）来对这些产品进行审查。沃尔玛究竟是如何实现如此辉煌的成功的？解释这一现象的理论不在少数：也许是“每日低价”策略的作用，或是对细节的不懈追求，或是让每个普通人都做到最好的企业文化，或是在供应链管理上复杂信息技术的应用，或是对供应商明目张胆的压榨。这些解释中哪些是正确的呢？或者它们全都对？哪条是最重要的？是不是其中某些因素需要与其他因素联合才能发挥作用？有的解释，像是沃尔玛利用自身庞大的规模来获取最低的进货成本，或许能解释它的优良业绩，却难以解释它一开始是如何发展壮大的。这些问题十分关键。因为如果我们想要学习沃尔玛的经验，想要复制沃尔玛的成功，我们需要明白应该学习什么。事实上，这个问题很难说清。正如重复唱片公司（Reprise Records）CEO（首席执行官）弗兰克·西纳特拉（Frank Sinatra）曾唱的那样：“我们知之甚少，我们所寻却多。”

当然，我们并不愿意承认自己的无知。社会心理学家埃利奥特·阿伦森（Eliot Aronson）发现，人类与其说是理性动物，倒不如说是倾向为事物寻求合理解释的动物。我们渴求合理解释。我们希望身边的世界合乎情理。我们或许不清楚乐高公司碰壁的原因，也不知道为什么 WH Smith 会遭遇艰难岁月，更弄不明白为什么沃尔玛能日进斗金，但我们喜欢那种洞察一切的感觉。我们喜欢找到一个说得过去的解释所带来的安慰感，因此我们称某个公司“偏离”或“漂移”了。以股票市场为例，股价每日的上下浮动，就像是水中的花粉或空气分子相互碰撞所做的布朗运动。但是，要是将今日的股价波动也归结于随机因素就不那么令人满意了。听听 CNBC（美国全国广播公司财经频道）里，评论员们是怎么边看股票行情指示器边评论的：“由于工厂订单数上涨，投资者信心增强，道琼斯指数略微上升”，或是“投资者选择止盈锁定利润，道琼斯指数下降了一个百分点”，又或是“投资者打消对美国联邦储备系统（Fed）调整利率的顾虑，道琼斯指数略有上涨”。他们总要说点什么。玛丽亚·巴尔蒂罗莫（Maria Bartiromo，CNBC 财经主持人）总不能面对摄像机，说今天道琼斯指数下降了零点五个百分点是随机布朗运动的结果。

科学与商业研究

上述讨论引出了一个更宽泛的问题。为什么我们难以精确指出影响企业业绩的因素？这一定不是因为缺少尝试。商业学校、研究中心和咨询公司里成千上万不辞辛劳的聪明人花费大量时间精力寻找这个问题的答案。这事关许多企业的成败得失。那么为什么有关公司业绩的解释依然难以摆脱陈词滥调和过分简单的措辞？

在医药、化学、航空航天等其他领域，理论知识总在不断推陈出新。它们都有什么共同之处？简单来说，它们的进步都源于我们称为“科学”的一种调查研究方式。理查德·费曼曾将科学定义为“一种尝试回答如下问题的方法：如果这么做，结果会怎样？”。科学与美、真理、正义、智慧、道德无关，它首先是实证的。它会问，如果我在这里这么做，那里会发生什么？如果我用这么大的力，加热到那个温度，或者将这些化学试剂混合起来，会发生什么？按照这个定义，“什么因素促使持续的利益增长？”就是一个科学问题。它关心的是，如果公司这样或那样做，它的收益、利润或股价会发生什么变化？

那我们应该怎样回答一个科学问题呢？费曼解释道：“最根本的技巧就在于：大胆尝试，然后观察。通过这些行动你就能收集到大量信息。”换句话说，你进行试验，对信息进行系统归纳，推理出现象背后的规律，利用这些规律就可以得出准确的预测。物理和化学这些科学的美妙之处就在于我们能在设备精良的实验室中进行实验——先尝试，而后观察，我们可以控制条件，调整输入，观察结果。接着我们可以调整一些变量，改变一些条件，再次尝试。科学进步很大程度上要归功于对实验谨慎而持续的改进。

但是商业世界并不存在于实验室里，而在我们身边纷乱复杂的世界中。商业问题也可以用科学方法研究吗？我们能否提出一些假说，用精心设计的实验对它们进行验证，从而支持其中某些解释，否决其他一些呢？在很多情况下，答案是“可以”。不少商业问题都可以通过科学实验解决。假设你想知道一种商品摆在超市哪个位置最好，或者价格变化对产品销售总量会有什么影响，又或者是促销会起到怎样的作用，你可以怎么做？很简单，在不同商店试点，再将结果进行对照。你会发现在既定条件下是什么因素在发挥作用。“如果这么做，结果会怎样？”实际上，只要有足够数量的商店交易量相似，就可以形成天然的实验条件。对沃尔玛成功的一种解读是它是最早一批将严谨的科学方法应用在销售方面的零售商。它研究消费者的消费模式和行为特征，将它的发现应用到从物流管理到商店布局等各个方面。同样的，像亚马逊（Amazon）和亿贝（eBay）这些顶尖的互联网公司也在使用高度先进的技术来追踪顾客的点击以研究他们的喜好。另一个例子是美国博彩业首屈一指的哈拉斯娱乐公司（Harrah’s Entertainment），每天都有成千上万的顾客光顾它的赌场。1998 年加里·洛夫曼（Gary Loveman）就任首席运营官，他看到的不是一排排老虎机、牌桌和轮盘，而是一个精妙绝伦的实验室。通过名为“总金卡”（Total Gold）的积分卡，洛夫曼收集了上万的顾客信息和他们的偏好。利用这些数据，哈拉斯可以进行试验，分析结果，并做出调整以提高客户满意度和在赌场的停留时间。例如，哈拉斯合理设置老虎机在赌场的每一层的数量，从而让顾客满意，也能让公司获利。洛夫曼的试验达到科学标准了吗？当然。试验效果非常显著：无论是在绝对值上还是相对其竞争对手来说，公司收益和利润都持续上升。“尝试而后观察”的科学思维方式帮助哈拉斯取得了辉煌的业绩。

并非所有的商业问题都适合以实验的方法来解决，比如推出新产品这样的重要战略举措。可口可乐公司在 1985 年推出“新可口可乐”，结果一败涂地，这个错误非常有名，这样的错误不会再容许犯第二次。戴姆勒（Daimler）和克莱斯勒（Chrysler）合并只是走错一步，但结果即使不是无法挽回也难以补救。美国在线（AOL）和时代华纳（Time Warner）的合并同样如此，在一个快速变化的产业里，两种截然不同的企业文化的融合是一个极为复杂的过程。史蒂夫·凯斯（Steve Case）和杰拉尔德·莱文（Gerald Levin）则不可能有机会做实验。实验的严谨性在解决这样的商业问题上并没有什么帮助。想知道管理收购的最好方法是什么？我们可没办法买 100 个公司，一半用这种方式管理，一半用另一种方式管理，再对两种管理方式的结果进行比较。我们做不了这种实验。

科学、伪科学和椰壳耳机

我们无法通过科学实验全面了解错综复杂的商业世界，这就给了商学院的评论家们大展身手的机会。管理学权威沃伦·本尼斯（Warren Bennis）和詹姆斯·奥图尔（James O'Toole）在2005年《哈佛商业评论》（*Harvard Business Review*）的一篇文章上，批评商学院过于依赖科学研究方法。他们说："这类科学的模型建立在错误的设想之上，以为商学是一门像化学、地质学一样的学科。事实上，商业是一种职业，商学院也就是——或者应该是职业学院。"这种观念听起来就像是，既然不能以自然科学的严谨来看待商学，那么最好将它视作一门人文科学，科学求证的逻辑在这个领域并不适用。这种说法有些道理，但也不全对。也许我们不能以化学或地质学的严谨性来研究商业，但这不意味着要全靠本能和直觉。我们没必要从一个极端走向另一个极端，毕竟自然科学和人文学科之间还存在着广阔的空间。我们或许无法收购100家公司来做实验，但我们可以研究已有的并购案例，从中得出某些模式。我们可以通过研究公司规模、产业、整合过程等关键变量，了解决定公司业绩好坏的因素。这种称为"准实验"的方法是社会科学的主要研究方法。它可能永远无法达到自然科学的理想境界，但若我们用科学求证的精神来研究某些重要的商业决策，那么结果已然很接近科学。

实际上，关于公司业绩的社会科学研究，也有许多成果。在接下来的章节里，我将会对其中一些进行分析。但正因为研究细致谨慎，其中大部分都不会给出清楚明确的行动指南。如果一项举措的作用可以测量，却对公司成功的帮助甚微，它不会引起读者多少阅读兴趣。管理者也不愿意看到关于数据可靠性、研究方法、数据模型和概率的长篇大论，而更喜欢那些明确的解释和清晰的行动指南。我们想更快速简单、逻辑合理地解释乐高的命运。我们爱听故事。

明确区分“记录”和“故事”将对我们有所帮助。“记录”最重要的是要实事求是地陈述事实，而不是添油加醋、随意阐释。如果将关于乐高和 WH Smith 的种种叙述看作记录——既然是“记”者写的，它们本应该就是记录，那么“偏离”“漂移”这类的措辞就有些不太合适。故事则是人们尝试合理解释他们的生活和经历的方法。检验好故事的标准不是它是否真实，而是它对事件的解释能不能令人满意。这些关于乐高和 WH Smith 的新说法都符合好故事的标准。短短的篇幅就将问题交代得清清楚楚（销量和利润下跌），解释听上去合情合理（迷失方向，偏离核心），还得出了经验教训（不要偏离，要关注核心）。结尾干脆利落，不拖泥带水，读者满意而归。

故事本身并没有错，只要我们清楚自己面前的不过是无稽之言。

危害更大的是那些伪装成科学的故事。它们披上科学的外衣，自称具有科学的权威，却缺乏科学的严谨和逻辑。我们最好称呼其为“伪科学”。理查德·费曼的说法更令人难忘：“草包族科学”（Cargo Cult Science）。他是这么说的：

> 南太平洋的小岛上住着一群原始居民。大战期间，飞机在岛上降落，卸下一包包物资。战后，再也不见这些飞机的踪迹。但他们希望同样的事情能再次发生。于是他们建造了类似跑道的东西，在跑道两旁点上火，盖了间木屋，派人充当控制员坐在那里，脑袋两侧绑上椰壳假装耳机，插着竹子假装天线，等待飞机降落。他们做的每件事都是对的，一切看上去很完美，但却行不通，因为没有飞机降落。我称其为“草包族科学”。他们看起来遵循了科学研究的规范和形式，但却遗漏了最关键的部分，因为飞机没有降落。

这并不是说“草包族科学”一无是处。这些热带岛屿上的原住民耐心地等在降落跑道旁，戴着椰壳耳机，假装自己是飞行指挥员，也许在这整个过程中获得了些许慰藉——他们对未来有了期盼，享受信仰的喜悦，感觉自己离超自然力量更近了。但也仅止于此。故事只是故事，它不能预测未来。

商业世界中充满了各种“草包族科学”，即那些声称科学严谨却不过是在讲故事的著作。在之后的章节里，我们将会分析其中一些——有的严谨科学，却不像故事那样吸引人；有的说得天花乱坠，但只能算是故事而不是科学。我们将会看到有些高居畅销榜榜首的商业书籍虽然披上了科学的外衣，却不比热带岛屿上的椰壳耳机有更强的预言能力。

2
思科传奇

那些篡改历史的人或许真的有些相信他们是在重现历史真相…… 他们觉得自己的叙述才是上帝眼中真实的历史，将这些记载重新整理归类合情合理。

——乔治 · 奥威尔（George Orwell）

《民族主义的基本特征》（*Notes on Nationalism*），1945

到目前为止，我们所谈论的乐高、WH Smith 和诺基亚的例子都出自相关的商业文章。记者们面临紧迫的截稿日期，仅仅依据公司发布的材料数据写出这些评论。难怪这些文章都是些陈词滥调。但如果对一个公司进行持续多年的研究，其结果又会如何呢？也许这样能让我们更好地理解公司业绩。

公司业绩的一个基本衡量标准就是股票价值。按照这个标准，思科（Cisco）的业绩一直以来都处于顶尖水平。它的股票价值很快达到了 1 000 亿美元，速度无人能及。2000 年 3 月，在短短两周内，思科表现出色，以令人瞠目结舌的 5 550 亿美元市值赶超微软，成为世界上最值钱的公司。在思科 CEO 约翰・钱伯斯（John Chambers）就任的前 5 年，思科的股票价值增长了 4 500 亿美元，相当于每年增长超过 900 亿美元，每 4 天增长 10 亿美元，也就是在整整 5 年时间内每天增长 2.5 亿美元。这样的业绩的确惊人。

这些增长只是泡沫吗？没错，思科的股票价格在 2000 年末大幅下跌，2001 年继续下滑，其后两年萎靡不振，远低于原先的峰值。但随着经济开始复苏，思科的市场资本总额开始上涨，在 2005 年达到 1 160 亿美元，成为全美第七大公司，排名高于可口可乐、雪佛龙德士古（ChevronTexaco）和迪士尼（Disney）等老牌公司，价值高于 3M（明尼苏达矿务及制造业公司）和美国运通公司（American Express）总价值之和。思科的业绩并非镜花水月。

衡量公司业绩的另一种方法就是忽略华尔街的评论，只看公司持续创收的能力。如果用这种方式来看，思科的表现依然出色，销售额持续不断增长，2005 年达到 240 亿美元，还拓宽了利润空间。无论怎么衡量，思科的业绩都颇为优异。如果要解释公司业绩，最好是选择一家顶尖公司进行分析。因为如果我们连思科成功的原因都无法解释的话，就更别提其他不那么成功的公司了。幸运的是，研究思科的报纸杂志和案例分析不在少数。就让我们来看看记者教授们是如何解释的。

从前，在硅谷……

从一开始，思科的故事就带有童话色彩。在《钱伯斯的思科之道》（*John Chambers and the Cisco Way*）一书中，约翰 · K. 沃特斯（John K. Waters）讲述的思科童话是这样开头的：

思科创立的传奇故事可以称得上硅谷经典。桑德拉·勒娜（Sandra K. Lerner）和莱昂纳多·波萨克（Leonard Bosack）在研究生时期相识，坠入爱河后步入了婚姻殿堂。毕业后，他们在斯坦福从事计算机网络相关的工作。斯坦福校园占地面积16平方英里（41.44平方千米），两人的工作地点相隔甚远。他们只能互发电子邮件以解相思之苦，但使用的网络却并不兼容。勒娜在商学院工作，波萨克则身处500码（457.2米）外的计算机科学实验室。

解决网络不兼容问题的是多协议路由器，它能让电脑之间交换数据。勒娜和波萨克发明了路由器，创建了公司，之后的事情就有据可查了。这就是思科传奇，是我们反复阅读的故事。据我所知，思科创立的时间距今不过大约20年，离最初的公司地址也只有几百英里远。

和很多刚成立的公司一样，思科从地下室起家，最开始只是做朋友和熟人的生意。当年收入终于达到100万美元，两人就开始寻找风险资本。最终同意投资的是红杉资本（Sequoia Capital）77岁的金融家唐纳德·瓦伦丁（Donald Valentine）。他投资了250万美元，换取思科1/3的股份和管理权。他使思科的管理更规范化，任命业界老手约翰·摩格里奇（John Morgridge）为 CEO。此后，思科销售额快速增长，从 1987 年的 150 万美元上升到 1989 年的 280 万美元。1990 年 2 月，思科正式上市。交易首日结束后，它的市场资本总额达到了 2.22 亿美元。接下来几年，在瓦伦丁和摩格里奇的带领下，思科业绩继续蒸蒸日上。此后的发展就像硅谷常见的那样，创始人夫妇离开公司，他们的时代结束了。

1991 年，当时思科还只是一家小公司，是个投机性的风险项目。在硅谷，像这样的公司还有不下数十家。瓦伦丁和摩格里奇任命约翰·钱伯斯为销售主管。几乎所有关于钱伯斯的简介都如出一辙：他谦逊却满怀抱负，有人格魅力又不出风头，是一个低调却推销有术的超级销售员。他先后在国际商业机器公司（IBM）和王安电脑公司（Wang Labs）任职，这两家大型电脑公司都曾遭遇低迷时期。钱伯斯准备在思科这家小公司大展身手，让它在自己手中成型。

思科命运的转折发生在 1993 年。尽管作为核心产品的路由器销量依然很好，钱伯斯还是设计了新的战略计划。他和 CEO 摩格里奇以及 CTO（首席技术官）埃德·科泽尔（Ed Kozel）共同决定，思科应该进行整合，形成更广的生产线，成为网络世界的综合性商店，主导互联网基础设施市场。市场扩张如此快速，新技术的发展难以预料，思科几乎不可能仅靠一己之力实现增长。钱伯斯描绘的思科蓝图中包括了各种类型的商品，因此他提出可以通过收购小型公司来填补产品类型的空缺。之后的几周，思科开始寻找新成立的公司，挖掘热门高新技术和工程师。它很快完成了第一宗收购，以9 700万美元收购主营局域网交换的Crescendo通信公司（Crescendo Communications）。这只是一个开始。在接下来三年中，思科收购了20多家公司。

1995年，约翰·摩格里奇退休，约翰·钱伯斯就任思科CEO。在他的带领下，思科很快发展为新经济巨头。1996年思科又收购了13家公司，其中大部分都是名不见经传的小公司，只有一家公司是条“真正的大鱼”，那就是斯特瑞塔通信公司（StrataCom），一家拥有1 200名员工、年收入4亿美元的帧中继制造商。随着互联网经济的蓬勃发展，再加上几宗收购的支持，1997年思科年收入达到40亿美元。它开始引起媒体的关注。《连线》（*Wired*）1997年3月的一篇文章以近乎狂热的语言来形容思科：员工“心态乐观阳光”，工作时间长但“每一分钟都乐在其中”。它还详细写道：“这些人的工作艰难困苦，耗时费力，错综复杂，极令人沮丧。他们是我们这个时代特有的修理工：为互联网修路搭桥。”《连线》评论说，思科的不同寻常之处在于：“从未有人从工作中获得如此多乐趣，他们一直微笑，微笑，微笑。”一个月后，《商业周刊》对思科进行了专题报道，称它为“高科技奇才”。它是“网络设备方面无可争辩的王者，是行业的三驾马车之一：思科之于信息高速公路，正如微软之于软件，英特尔（Intel）之于电脑芯片”。思科如此成功的原因是什么呢？《商业周刊》认为这不仅得益于乐观阳光的员工，更“多亏了钱伯斯看起来无懈可击的管理、精湛的销售技巧和一系列势头迅猛的收购……思科从无名小卒发展成了电脑界的超级明星”。两周后，1997 年 5 月，《财富》也对思科进行了专题报道，将其奉为“电脑界超级新势力”。以《财富》的话来说，思科“以比其他公司更沉稳的姿态在互联网浪潮中驰骋，以迅雷不及掩耳之势收购公司，熟练灵巧地进入了网络科技这片新领域”。注意他们的用词：思科不再是“偏离核心”或者“漂移”，而是“熟练灵巧地进入新领域”。

1998 年，思科登上了互联网浪潮的峰顶浪尖，年收益达到 850 亿美元，是 1995 年的 6 倍。在总值 200 亿美元的数据网络设备产业中——包括路由器、集线器和被称为互联网传输管道的其他设备，思科占有 40% 的份额；而在高端路由器市场上，它的份额更是高达 80%。思科不仅年收入在不断增长，同时还获得了巨额利润。即使是新兴互联网公司中最被看好的亚马逊也在亏损，思科仍然拥有 60% 的运营利润率。它不是那些凭空冒出的新兴网络公司，面带微笑、衣冠楚楚地按照商业计划奋斗。它不在互联网浪潮中淘金，而是将镐与铁锹卖给浩浩荡荡的淘金者队伍。华尔街欣赏的正是这样的做派。思科的势头无法阻挡，每一季度都超乎华尔街的预料。1998 年 7 月,《华尔街日报》报道:“在最近牛市势头良好的股票中，没有一家比思科上周五的表现更令人印象深刻。它看着自己的市场资本数额不断翻滚,突破 1 000 亿美元大关。”只用了短短 12 年时间，思科就实现了这样的商业奇迹。作为前任纪录缔造者，微软用了 20 年才达到这样的规模。1998 年 9 月,《财富》称思科为“互联网真正的王者”。它写道，钱伯斯“给投资者带来的都是甜头，让思科的股票在科技领域变得稳赚不赔”。到此时为止，思科已经收购了 29 家公司。查尔斯这种“研发不如收购”的做法在硅谷十分少见。其他高新科技公司都将收购技术看作无能的标志，钱伯斯却有着相反的看法。实际上，他认为 IBM 的失利正是由于其目光狭隘，过于依赖自我。

1999 年是思科蓬勃发展的一年。它的规模越大，发展越迅猛；增长越快，规模也越大。下一步思科要怎么走？思科不再停留在路由器和转换器，而要进军年收益 2 500 亿美元的电信设备市场。在这一领域，思科所占份额还很小，但发展空间却是巨大的！当然，拓展到这一领域就意味着思科要与朗讯科技（Lucent）、北电网络（Nortel）、阿尔卡特（Alcatel）等强劲对手正面竞争。会不会有分析家担忧思科偏离核心呢？完全没有。只要思科一直业绩良好，分析家就会说多元化投资是有道理的。摩根大通集团（JP Morgan）评论说："钱伯斯手下的产品多样，鼓励手下的经理人关注顾客。思科的起步非常快，它一旦领先，其他企业就难以超越。"法国兴业证券（SG Cowen Securities）补充道：思科在电信行业"刚刚起步"。世通公司（MCI WorldCom）、斯普林特（Sprint）、瑞士电信（Swisscom）和其他主要电信企业都有意向购买思科产品。

解读思科成就

从1997年到2000年，美国各大商业杂志都对思科进行了连篇累牍的专题报道。这些报道都间接地提出一个问题：为什么是思科而不是其他公司业绩如此良好？它们总结出了许多原因，但几乎每一篇报道都将其归功于思科CEO约翰·钱伯斯。关于他的简介大同小异：他出身西弗吉尼亚州查尔斯顿的医生家庭，克服阅读困难症才考上法学院，此后在IBM就职。他注意到IBM和王安电脑公司失败的症结在于无法及时应对重大技术革新。钱伯斯回忆道："我从这两家公司的经历中意识到，如果不能走在潮流之前，潮流就会将你奋斗的一切摧毁，扰乱员工生活，造成悲剧性后果。我再也不想经历那种事了。"这个故事十分振奋人心。只要钱伯斯还在领导思科，它就永远不会重蹈这类覆辙，而是保持节俭、谦卑和灵活。它会吸取IBM

的优点，将其与新经济的活力、激情和愿景相结合。

另一个常常提到的因素是思科绝妙的收购手段。《财富》这样写道：“思科就像一台收购机器，设计精巧，调试精准，就像用于处理互联网大量数据的大型路由器一样。”思科精于收购的诀窍是什么呢？部分原因是思科挑选收购公司的良好眼光。从刚起步的小公司到已有根基的大企业，思科从来不缺候选者。挑选合适公司这一任务通常交给33岁的天才米开朗琪罗（迈克）·沃尔皮[Michelangelo (Mike) Volpi]。他慧眼独具，能在合适的时机选出最该买下的公司。哈佛商学院对思科依靠收购的增长策略进行了案例研究，结论是思科纪律严明，它只收购那些产品能立即进入市场的小公司，不涉及任何投机或者不相关的收购。它不收购大型公司、离加州总部太远的公司、企业文化截然不同的公司。原因是什么呢？思科只收购那些类型相似的小公司，从而被收购公司可以更好地融入思科。在正式收购前，思科会派出一支由市场营销、工程部门和制造部门代表组成的队伍，对被收购公司进行细致恰当的调查。被收购公司在技术和企业文化两方面都需要符合思科的需求。

挑选合适的公司还不是思科成功的全部原因。思科不是在买卖公司，而是要整合收购的公司，使其顺利融入自身。据《财富》观察，思科善于顺利“消化”收购来的公司。它收购成功的关键是什么呢？首先，思科拥有一个尽职尽责的团队，他们唯一的任务就是将收购来的刚起步的公司顺利“移植”到思科这片土壤上。哈佛商学院的案例研究显示，当一宗收购顺利完成，思科就会对其进行系统性整合，对 90 天、180 天时实现的整合程度都有清晰的要求。它评论道：“能够成功整合，很大程度上归功于思科在被收购公司的员工管理方面有条不紊的策略。”据说思科在收购整合方面显示出浓浓的人情味。毕竟，收购那些公司不只是为了它们的资产或者客户，思科更欣赏它们的员工。顺利整合对让这些人才留在思科而言至关重要，在这一点上思科的优异表现令人惊叹。它关注到兼并整合过程中的温情因素，帮助新员工适应新环境，通过派发思科棒球帽等方式帮助他们建立对公司的归属感和认同感。《财富》写道：“每当思科收购一家公司，它都会承诺不裁员；通过兼并进入思科的员工裁员率仅为 2.1%，与业界平均值 20% 形成对比。”最终，思科的收购手段实现了灵活性与纪律性的完美平衡。尽管每次收购情况各异，需要做出针对性调整，但许多步骤是不变的，包括兼并信息系统和采纳生产方式。当其他公司收购次数极少，每次收购都要经受惨痛教训的时候，思科已经掌握了并购的科学。1999 年，在位于教堂山的咨询公司 Best Practices 关于成功兼并收购政策的客户调查中，思科位列第一。

20 世纪 90 年代后期，思科的财富激增，斯坦福大学商学院的两位教授查尔斯·奥赖利三世（Charles O'Reilly III）和杰弗里·普费弗（Jeffrey Pfeffer）合写了一本书《潜藏价值：开发平凡员工潜力，创造非凡公司业绩》（*Hidden Value: How Great Companies Achieve Extraordinary Results with Ordinary People*）。书中有一章专门讨论思科，他们眼中的管理典范。作者花费一些笔墨叙述思科历史，讨论它的策略，还给约翰·钱伯斯写了一份标准简介：他是谦逊的超级销售员，说话时带着西弗吉尼亚口音。他们提到思科关于收购的管理，着重讲了它留住人才的能力。但所有这些似乎都不足以解释思科的非凡成功。他们写道："所以问题还没解决，那就是思科的竞争优势究竟是什么？"他们的答案是什么呢？他们敦促道："用推理逻辑来思考这个问题。"如果思科比其他公司更成功，那就意味着它"比竞争对手更善于提供顾客所需的技术和设备"。这意味着两点：首先，思科"没有坚持一定要技术原创"；其次，它"倾听顾客的需求"。在两位作者看来，这正是思科做得好的地方，它没有自己的技术，却以顾客为中心。它观察市场动向，收购必要的技术，留住研发人员。最后他们得出结论：思科的成功秘诀就在于它能够开发员工的才能和经历。

巨浪中的思科

1999 年最后一个月，纳斯达克指数飞涨。在新年假期的短暂停顿后，它一路飙升，突破 4 000 点，达到 5 000 点。2000 年 3 月 27 日，思科达到市场总值 5 550 亿美元，超过微软成为全球最值钱的公司。4 月，纳斯达克指数开始波动，5 月，思科的股票价格从最高值 80 美元下跌了 20%。如今我们将这次下跌看成大厦将倾的预兆，而在当时许多观察员认为这只科技股的疲软不过是必要的修正，是再攀高峰前的短暂休整。事实上，很多人认为思科的股票比以往任何时候都更具吸引力。2000 年 5 月，《财富》的封面故事就是思科和 CEO 钱伯斯，杂志标题是《约翰·钱伯斯是全球最好的 CEO 吗？现在买思科股票是否为时已晚？》。杂志刊登了一篇配有照片和图表的文章，长达 6 页，主要根据大量采访和实地考察（包括趋炎附势地探访高层人员家中的葡萄园）而写成。《财富》写道："CEO 钱伯斯领导下的思科可说是美国最顶尖的企业之一，与英特尔、沃尔玛和通用电气同属一个梯队。" 故事要多正面有多正面，是一次天花乱坠的大肆炒作。

《财富》如何解释思科惊人成功的原因呢？那些基本论调又被再次强调。思科得益于"对顾客需求的极度关注"。《财富》写道："简单来说，思科从一开始就比任何一家公司都更注重顾客。" 它引用了风险投资家约翰·杜尔（John Doerr）的话："他们的中心就是顾客。约翰·钱伯斯是你见过的最关注顾客的人。"钱伯斯自己是这样说的："只要是和顾客有关，我们会不惜一切代价赢得他们。"第二个成功因素是收购整合。《财富》说思科"将收购变成了科学"，强调它"整合收购来的公司的能力堪称传奇"。第三个因素是思科独特的企业文化，既赋予个人以权力，又遵循严明的纪律。竞争对手的一位主管说道："在思科，经理人被赋权的方式与甲骨文（Oracle）、太阳公司（Sun）、惠普（HP）和英特尔的方式完全不同。"同时，思科还因其严谨的纪律和对成本的严格控制受到赞扬。一位经理人评价："钱伯斯和CFO（首席财务官）拉里·卡特（Larry Carter）对成本的控制程度简直令人不可思议。"思科的办公室简单而朴素，员工出差都乘坐经济舱。除了高级管理人员外，没有人能享受到奢华的津贴。最后一个因素是钱伯斯。大部分对思科成功的赞扬都落到它的CEO钱伯斯身上。《时代》评选亚马逊的创始人杰夫·贝佐斯（Jeff Bezos）为1999年"年度人物"。但在《财富》看来，信息时代最好的CEO莫过于钱伯斯。

在思科的股票方面，《财富》指出通用电气的年增长率是15%，而思科则是它的两倍。《财富》在2000年5月这样写道，如果你只想选择拥有一家公司的股票，那这家公司就是思科。有一段时间，这个建议听起来很有道理。2000 年夏季，思科的纳斯达克指数保持稳定。10 月，《财富》宣布在最受尊敬的公司中，思科位列第二，仅次于通用电气——由杰克·韦尔奇这位传奇人物领导，世界上最成功的多元化经营公司。思科处在巅峰时期，功成名就，以客户为中心，企业文化令人称道，收购手腕无人能比。唯一的问题是现在购买思科的股票是否为时已晚?

最后答案是:“晚了”。

《财富》倒戈

2000 年 9 月，思科的技术股开始下跌，10 月，下降速度不减反增，11 月，股市全面崩盘，思科的股票交易额只有 50 美元。敏锐的记者们已经看出思科将要面临的局面。《华尔街日报》记者斯科特·图尔姆（Scott Thurm）注意到:“市值 3 930 亿美元的思科股票现在处于危险之中。由于思科依靠股票来雇用和留住人才，购买有潜力的技术，股价下跌将会进一步阻碍思科的发展。最近几个月股票市场停滞不前，部分员工另谋高就，思科辞职率缓慢升高。”截止到 2000 年末，思科股价一路下跌至 38 美元，低于历史最高值的一半。然而钱伯斯依然乐观，声称这次暴跌是一次拓展市场份额的机会，他将继续提高库存量。然而这次情况完全不同。随着订单量减少，订货量下降，2001 年 4 月，思科不得不注销高达 22 亿美元的库存。思科最终承认它误读了消费需求。钱伯斯只能忍痛裁员，上千名员工下岗。2001 年 4 月，在思科股票达到最高值 80 美元的一年后，思科的股价跌到史上最低，仅为 14 美元。短短一年内，4 000 多亿美元市场资本化为乌有。收购不仅毫无可能，也没有意义。

2001 年 5 月，距离对思科大肆吹捧后整整一年，《财富》刊登了一篇语调截然不同的文章，标题为《思科打破自身神话》。它这样写道：

> 思科的股票市价一路飙升至将近 5 000 亿美元，一切看起来完美无缺。它曾拥有无可挑剔的 CEO；它可以在一天内将全年账目结算完毕，并做出无懈可击的财政预测；它曾是一部收购机器，泰然自若地吸收收购来的公司和技术；它曾是新经济的领头羊，向新兴电信公司出售设备，使老牌供应商再无用武之地。

然而在过去一年，所有这些特征都被证明是镜花水月。

按照《财富》的说法，思科的能力并不是被夸大了，而是它根本没有能力。它的问题并不只在外部，不只是经济泡沫破裂和订单下降速度超出预期。相反，《财富》总结道，根据“对客户、思科往届和现任主管、竞争对手和供应商的采访，思科的困境完全是咎由自取”。

那应该怎么看待思科对客户的极度关注呢？现在，《财富》说思科“对潜在客户的态度漫不经心”、销售技巧“令人生厌”，同时它还“离间对手”。它那传奇般的预测能力呢？很遗憾，它“不合时宜地与供应商签订了长期合同”。至于它的创新能力？现在证明“它的不少产品都称不上很好”。曾经的优势无一幸免：“在过去的一年中，收购、预测、科技，当然还有高层管理，无一例外全军覆没。”是什么导致了这样的失误？问题的本质在于成功带来的自满。《财富》评价思科“沉浸在倡导自信的企业文化中”，进军电信行业就是它“妄尊自大”的证据，它“盲目自信得近乎天真”。所谓骄兵必败，这个道理未免有些老套。其他公司当然也栽过跟头，但“思科的失误更加耐人寻味——钱伯斯吹捧思科为巨头，它行动更迅速、思维更敏捷，总之就是比竞争对手更优秀”。当然，这些说法更为耐人寻味，因为这些评论并非出自钱伯斯本人之口，而是来自那些《财富》的记者。

《商业周刊》也跟着见风使舵，扭转口径。2001 年 8 月，它刊登一篇文章题为《从失败中吸取的管理经验》，其中写道：

> 仅仅在一年前，思科公司还是交口称赞的新经济楷模。管理权威将思科视为21世纪的组织原型，因为它用信息技术将供应商和消费者联系在一起，从而能灵活应对市场的风吹草动。
>
> 思科打破了企业的金字塔结构，将资本密集型生产外包，与供应商形成战略合作，从而消除了库存这一环节。它复杂的信息系统能给管理者提供实时数据，让他们发现现今市场的任何细微变化并做出准确预测。如果说在新数字时代有人能被称为“有远见”的话，那这个人非思科CEO钱伯斯莫属。
>
> 然而，思科出人意料地急转直下，形势严峻。4月，它注销的库存达到令人瞠目结舌的22亿美元。这表明在经济缓慢增长的情况下，思科和其他公司一样经受不起风浪。

那些一年前曾争先恐后地为思科鼓掌叫好的杂志，吹捧其为“互联网之王”“世界上最好的CEO钱伯斯”“与通用电气和微软不相上下”的杂志，现在都急于抢先指责思科。2002年1月，《商业周刊》刊登了另一篇名为《大肆炒作背后的思科》的文章。它写道：

> 任何与思科有关的事情都总有人大肆创造神话。在互联网热潮的鼎盛时期，思科简直是这个时代的化身。只要是有关思科，一切似乎都变得更快、更大、更好。它的销售额和利润首屈一指。它忙于满足消费者们近乎无尽的需求，销售的设备比其他任何互联网公司都要精密先进。得益于强有力的信息系统，它能在一天之中清算账目。接连 43 个季度，思科的高收益从未使华尔街失望，甚至超越华尔街对其的预期。一时间，思科成为全球最有价值的公司。

所有的成功因素都被提及：以顾客为中心、企业文化、管理收购的能力和它的领导人。但是这次，这些因素全都变成了不足。当然，这很有可能是思科本身发生了变化。成功常常招致自满；快速增长会导致管理困难；有的公司的确将顾客的惠顾视作理所当然……但当时人们并不是这样说的。2000 年至 2001 年间，没有人认为思科发生了变化。直到现在，当人们回头以不同的眼光看待思科时，才承认它表现不佳。

思科的春天

然而，思科的故事并没有到此结束。先是正面观点，后是反面观点，最后则是二者合一。盛夏过后必有寒冬，冬天远去春天始来。

接下来的两年里，从 2001 年至 2003 年，思科的技术板块依旧低迷，钱伯斯和思科其他管理人员始终坚信思科能走出低谷，再创新高。尽管经济恢复缓慢，但在 2003 年高科技行业有了明显好转，思科取得不错的业绩。2003 年 11 月，随着销售额回升，《商业周刊》再次将钱伯斯作为封面人物，这次以《思科回归》为标题。故事十分精彩，最精彩的部分不是论述 2003 年思科的策略正确，而是叙述 2000 年思科的种种失误。

思科曾因其组织合理、纪律严明、上下协调一致而广受褒扬。现在《商业周刊》却说，事实上，当时思科失去了控制。它的企业文化是"狂野西部"风格，"各部门的运作方式就像是各自为政的高科技部族。每个部门都选择各自的供应商和制造商"。思科因"只争朝夕的企业文化闻名，缺少协调统一的规划"，"工程师们各自追求自己的奇思妙想，不顾其后果"。思科的特征是"不惜代价地追求增长招致了混乱"，"职员们忙于处理订单，兑现股票期权，根本无暇顾及效率、节约成本和团队合作"。许多研发项目都是"重复研究，一团杂乱"。这样混乱无序的企业形象和我们在 2000 年报道中读到的截然不同，但是不要紧，因为这些问题已成往事。如今，2003 年，思科"更加纪律严明、团结一致"。看到思科的改进，我们应该松了一口气，至少在我们想起纪律严明和团结一致正是用于形容 1997 年到 2000 年的思科！

顾客方面如何呢？斯坦福大学教授奥赖利和普费弗观察到，倾听顾客需求是思科成功的主要原因。《财富》也曾说以顾客为中心是思科的最大优势。如今《商业周刊》却写道，即使是在顶峰时期的 2000 年，思科也没能关注顾客。钱伯斯自己也说，也许当时思科忘记了最主要的规则：听从顾客。那么作为思科的主要成功原因，被一遍又一遍提及的“收购能力”又怎么样？《商业周刊》说，对不起，实际上思科完全不善于收购：“思科长期以来都是个收购狂，它甚至收购那些利润平平、前途未卜的新手公司。”思科没有坚持明确的策略，而是“从 1993 年到 2000 年间将持有相关设备的所有公司一网打尽，大肆收购了 73 家公司，指望说不定其中哪家公司能获得成功”。它实行“自由放任的收购策略”，特点是“随意性”和“随心所欲的投资练习”。这些报道不放过任何一处。思科曾经被形容为有凝聚力和有纪律的公司，将收购合并变成一门科学，如今却被看作是收购狂。至于“收购那些利润平平、前途未卜的新手公司”在当时被认为是成功的关键，是在“寻找有聪明员工和优秀思想的起步公司”；现在回头看时，这种策略却被当作批判的材料。

从当时的时代背景解读，这些报道都有理有据。它们为事件提供了合理的解释。但在经历这么多年后，当我们重新审视，就不得不质疑记者们是否进行了公正的报道，他们的叙述是否受到个人观点影响。报道都是由一些事件拼凑和塑造而成，无论说的是优良的还是糟糕的业绩，是重生还是复苏。将这些叙述拼凑成报道可以说是典型的奥威尔风格——将过去的事实重新排序，以讲述一个更连贯的历史故事。这就是典型的重构历史以符合现在的需要。

我对这些前后不一的记录感到好奇，于是与这些文章中最热情洋溢的一篇的作者取得了联系，这位作者写了 2000 年 5 月《财富》称颂思科的那一篇。我问《财富》的总编安迪·塞维尔（Andy Serwer）怎么解释 2000 年的大肆吹捧和后来的严厉批评。塞维尔诚恳地回答道："我认为这是钟摆效应。我们过于关注当下时代发生的事情，没能从其中跳脱出来。"我还联系上《商业周刊》的彼得·伯罗斯（Peter Burrows），2003 年 11 月《思科回归》的文章作者。他早在三年前，也就是 2000 年就已经将思科形容为漏洞百出。伯罗斯是一位聪颖的资深硅谷记者，曾写过思科、惠普和这个领域其他公司的有关报道。我问伯罗斯，到底发生了什么。他解释说，在他看来，思科从来都不注重成本，但它的确曾经非常关注顾客。他又补充道："总的来说，我认为人们倾向于在繁荣时期夸大一个公司的能力，特别是在 20 世纪 90 年代末期这个空前繁荣的时代。"

毫无疑问塞维尔和伯罗斯说的是正确的。即使是像《财富》《商业周刊》这样的顶尖刊物也自然而然地倾向于夸大成败，采用简单的言语来解释公司业绩。这能使故事讲得更好，但却将我们领向一条危险的道路。人们常说记者写的是历史的初稿，这些新闻报道将成为日后研究的主要资料。比如前面提到的哈佛商学院的案例分析就是以这些报纸和杂志文章为依据。奥赖利和普费弗合著的《潜藏价值》一书中关于思科的章节也引用了《财富》同一篇文章。依据这些来源进行的案例研究和写就的书本章节，也只能达到和那些报纸杂志一样的水平。

但还有一个更深层的问题。思科的故事与其说是新闻界盛行的浮夸风气的案例，倒不如说它反映了一个更为基本的问题，那就是即使公司业绩摆在我们的面前，我们也难以理解它。尽管思科曾受到如此广泛的关注，多年来一直受到媒体重视，就连资深记者和颇受敬重的学者都难以准确找出思科成功或失败的原因。思科的以顾客为中心、领导人和组织效率被反复谈论，但这些因素都难以客观衡量，所以我们倾向于将那些确定的事情归功于这些因素，比如收入、利润、股价等等。我们或许并不知道业绩优秀的真正原因，所以我们用简单的言语来解释所发生的事情。

3
ABB的跌宕沉浮

米洛听罢，脸色再次煞白。“他做了什么？”

“他把数百块军用肥皂捣碎成泥，掺入白薯中，只是想证明大家的口味很平庸，不辨优劣。中队的全体官兵都病了。飞行任务被迫取消。”

“啊！”米洛惊呼道，颇有些异议，“他一定发觉自己铸成了大错，是不是？”

“恰好相反，”约塞连纠正道，“他觉得这事他做得对极了。我们每个人都吃了满满一盘，还一个劲地嚷着要他再给添满。我们都知道自己病了，但万万没想到是中了毒。”

——约瑟夫·海勒（Joseph Heller）

《第二十二条军规》（*Catch-22*），1961

在思科的故事里看见人云亦云的现象，或许没什么值得大惊小怪的。在20世纪90年代末的高科技泡沫经济中，商业世界似乎已经与现实脱节。也许我们可以谅解有些记者有失公允，但同样的事情在其他公司也不断重演，其中一些公司既非高科技产业新秀，也不是美国公司。

瑞典和瑞士的合并公司ABB就是这样一家企业。1998年，ABB由两家主营工程技术的公司合并而成，即瑞典的阿西亚公司（ASEA）和瑞士的布朗勃法瑞公司（Brown Boveri）。这次合并是阿西亚公司首席执行官珀西·巴尼维克（Percy Barnevik）提出的，他发现国内能源市场行情不佳，推测跨国企业将会有更大的竞争优势。这家新合并的公司不仅在电力生产、传输和分配方面遥遥领先，在其他如自动化、机器人生产和塑料工业领域也首屈一指。

巴尼维克很快着手合并两家公司，其速度之快令人惊叹，成本节约力度前所未有。欧洲境内许多工厂关闭，员工下岗，日常开支也进行了削减。与此同时，ABB 通过一系列并购拓展了自己的国际市场。1989 年，ABB 以 7 亿美元收购了西屋电气公司（Westinghouse Electric）在北美的电力运输和分配业务，同时以 16 亿美元收购了美国燃烧工程公司（Combustion Engineering），这些举动登上了新闻头条。紧接着，借着东欧剧变后市场自由化和私有化的契机，它将版图拓展到了中东欧市场，并向能源需求快速增长的亚洲市场进军。到了 1994 年，ABB 的气象焕然一新。它减少西欧员工人数，巩固北美市场，并继续进军新兴市场。在此期间，ABB 的销售额和利润一直不断增长。1988 年到 1996 年间，ABB 的收益几乎翻倍，达到 347 亿美元，利润更是增加两倍至 12 亿美元。它的股价快速上升，市场总资本额超过 400 亿美元。

解读ABB成就

从 20 世纪 80 年代后期至 20 世纪 90 年代后期这将近 10 年的时间里，商业读物中不乏 ABB 的传奇故事。是什么造就了 ABB 的惊人成就？大多数解释都从 ABB 首席执行官珀西・巴尼维克入手。他身高体瘦，眼神锐利，山羊胡修剪得整整齐齐，令人印象深刻。此前从未有过像他这样的欧洲商业领袖。作为北欧人，他将欧洲的绅士风度和语言技能与美国的实用主义和实干精神完美融合在一起，令人见之难忘。美国媒体对他的斯坦福 MBA 学位和张口就来的美国俗语印象深刻。很快，以珀西为主题的专题文章开始出现在各大主流杂志上。1991 年，《哈佛商业评论》将他形容为“商业先锋”，说他创建了“竞争式企业的新模式”。据说他坚信快速决策和锲而不舍的沟通，致力于建立一套价值体系，从而使这个大企业凝聚在一起。1990 年，《长期规划》（*Long Range Planning*）描述 ABB 为“新欧洲的并购楷模”，并直截了当地表达对 ABB 领导人的赞美，“无论用什么标准衡量，巴尼维克都是欧洲的一名世界级 CEO。只要见到他……你就会马上见识到他那一针见血的原创管理方式，行使这种管理最重要的就是迅捷和自信的决策”。《财富》更是不吝其溢美之词：“珀西 · 巴尼维克就是精瘦和严苛的化身。他是欧洲境内数一数二的大刀阔斧的领导人，也是自 1907 年荷兰皇家石油公司（Royal Dutch）和壳牌公司（Shell）合并以来最成功的跨国兼并公司缔造者。”

大肆吹捧的报道纷至沓来。1993 年，《商业周刊》刊登一篇题为《珀西 · 巴尼维克的全球征程》专题故事。专题开头写道：“请称当今世界为“巴尼维克星球”。ABB 那作风强硬的总裁已经预见到未来将没有国界的限制。”在接下来的几页，《商业周刊》生动地勾勒出巴尼维克的形象。“尽管他有狂热的进取心，事业快速发展，但作为一名欧洲商业领袖却出人意料地并不装腔作势，非常平易近人。”巴尼维克“常与ABB各层经理会面，上至苏黎世总部里西装革履的董事，下至波兰涡轮机厂里不修边幅的厂长，他们都亲切地喊他的名字珀西”。他是个工作狂，以“洗桑拿时还在处理文件”闻名。他还因为“一目十行的阅读能力与敏锐的分析技巧”著称，并且“从不提前准备讲稿，甚至在全球经济调整这类深奥的话题上也能做即兴演讲”。巴尼维克还有另外一面。据说在工作之余，他常常登山，“享受地连跑10个小时马拉松，中间只有短暂的休息”。一年后，《福布斯》（*Forbes*）说“巴尼维克爱拿官僚主义的浮夸之风开刀”。他“形象威严，说话慢条斯理，嗓音深沉浑厚，但绝不是欧洲风格的专横。他毫不做作，待人诚恳，说话时挥舞着拳头，在对话中时不时加入几句美国式的粗话以调节气氛”。《工业周刊》（*Industry Week*）说巴尼维克“有着惊人的精力，能掌握商业运作的每一个细节，目标明确，就是要提高公司在行业的竞争力”。他“身上有过人的活力和不同寻常的魅力”。

学术界也一同对巴尼维克高唱赞歌。欧洲最著名的管理学教授，来自欧洲工商管理学院（INSEAD）的曼弗雷德·凯茨·德弗里斯（Manfred Kets de Vries）证实了巴尼维克正如报道中所言，是一个风风火火的人，“但他的谦逊也显而易见，他不断淡化自己对ABB

成功所做出的贡献”。在接下来的几年，巴尼维克的名气水涨船高。1996 年，《领导者》（*Director*）反复讲述巴尼维克的非凡品质：“他是出了名的工作狂，永远闲不下来。他有时开玩笑说自己一周只有两天待在办公室——星期六和星期天……同事们总是怀着敬意谈到他，说他总是能深入到生意的细节中，却不会被绕进去，能跨时区一天工作 20 小时，随时随地能打个盹，即使是在盛夏度假时也能通过电话和传真联系上他。他甚至在洗桑拿时还在处理文件。”不知是他边洗桑拿边看文件的习惯被人看见了，还是 1993 年报道中这项观察在日后被反复引用——但这都无关紧要了。到现在为止，巴尼维克已经成为传奇人物。20 世纪 90 年代中期，他连续 4 年被评为“欧洲最受尊敬公司 CEO”。他被称为“欧洲的杰克·韦尔奇”。他的名气越来越大：1996 年，韩国管理协会称他为“全球得奖最多的高层经理”。巴尼维克因为获奖最多而获奖！

ABB 的成功原因不只限于它的领导人本身，还有第二个原因，那就是充满活力的企业文化。ABB 的企业文化既非强调意见一致和个人参与的刻板的瑞典式企业文化，也不是保守的瑞士式企业文化，而是充满信心地将速度与行动结合起来。它的创立本身就是一个大胆的举动，致力于将两家经不起风浪的欧洲公司打造成世界级企业。合并后不久，在戛纳的一次面向高级经理的讲话中，巴尼维克说 ABB 的运作方式主要有三条原则："第一，最佳表现是采取行动，大胆冒险，做正确的事情；第二，中等表现是采取行动，但行为错误，这些行动需要合情合理，且次数不多；第三，唯一不能接受的表现是不采取行动，白白错失机会。"在《金融时报》的单独采访中，他进一步阐述了自己的观点："如果你做 50 件事情，只要其中 35 件是遵循正确方向的就足够了。基本规则是'采取主动，行动正确'。其次是'采取主动，就算之后的方向错误'。唯一不能接受的是不采取任何行动。"这种行动、主动、冒险的精神就是 ABB 的企业文化特征，也常常被看作是它成长和成功的主要原因。

ABB 成功的第三个原因就是复杂的组织结构。所有跨国公司在全球范围活跃的同时，也在争夺本土市场。对 ABB 而言，它所面临的挑战就是，要在这个客户都是国有能源公司而非国际公司的行业中，抓住全球效率带来的好处。巴尼维克这样形容 ABB 所处的矛盾困境：它需要"既全球化又本土化；既大又小；既有中央管控，又得打破核心"。为了实现这一切，一种新的组织管理方式不可或缺。巴尼维克从不称 ABB 为"国际"公司，而更喜欢说它是"各国国内企业联盟"。ABB 的目标是找到解决客户问题的最佳方法，并将它推广到全世界。它要"打破官僚主义桎梏"，释放本土企业能量，从而使"在亚特兰大的管理层不受总部干扰，投放新产品，瑞典的电力技术人员能进行设计改动，印度工厂也能自主改变生产方式”。

为同时实现全球和各地的目标，ABB 设计了矩阵型的组织结构。它划分了 7 个主要领域，一方面以业务领域为轴心，另一方面又以不同国家的公司为核心。当其他跨国公司都对复杂的矩阵管理结构避之唯恐不及时，ABB 却明确地采纳了它。ABB 的矩阵包括 51 个业务领域和 41 名驻各国经理，他们交错分布在 1 300 家公司。这些公司又被分成 5 000 个利润中心，每个中心都有责任提升业绩，提高利润。5 000 个利润中心！这样复杂的组织结构当然会引发不少疑问。《工业周刊》推测：“仅仅是找出组织负责人这件事都会阻碍人际交流，也会给保持敏锐的客户关注增加难度。”但当记者们与 ABB 的经理们交谈后，他们的疑虑就打消了。经理们似乎对这种方式很满意，当然公司的业绩也已经不证自明，所以这种组织方式应该很好。《商业周刊》还报道了一名瑞士工厂经理在前布朗勃法瑞公司的回忆，当时他没有自主权，也不用承担责任，现在 ABB 的新组织结构让他掌管一个利润中心，这个变动调动了他的积极性，他向瑞典一家情况相似的工厂学习理念，很快工厂就有了改进，利润迅速增长。

ABB 复杂的组织结构受到来自记者、学者和管理权威的赞赏。20 世纪 90 年代早期最负盛名的管理专家汤姆 · 彼得斯（Tom

Peters）称 ABB 的组织形式是“巴基球组织”，即巴克敏斯特·富勒（Buckminster Fuller）设计出的精妙的网格式结构。根据彼得斯的观点，珀西·巴尼维克是他见过的最执着地反对官僚主义的人。他写道，巴尼维克“对官僚主义深恶痛绝，这对于 ABB 组织结构顺利运行至关重要”。哈佛商学院的克里斯托弗·巴特利特（Christopher Bartlett）进行了一个案例研究，该案例不仅描述了 ABB 的组织结构，还解释了其复杂的运作过程和管理哲学，正是这些让它得以顺利运行。曼弗雷德·凯茨·德弗里斯盛赞 ABB 为其他公司学习的楷模。尽管它规模庞大，涉猎广泛，但据说它依然拥有小公司的灵活敏捷。按照凯茨·德弗里斯的说法，ABB 发明了新的组织形式，是“后工业组织的原型”。

奥林匹斯山上的ABB

到了 20 世纪 90 年代中期，ABB 已经达到全球领先，不断被冠以“全球最受尊敬公司”和“全球管理最好的公司”之名。1996 年，ABB 连续第三年获《金融时报》评出的“欧洲最受尊敬公司”称号。报上一同刊登的文章是这样解释的：

> 作为大赢家，ABB 在业绩表现、公司策略和激发员

工潜能方面所获评价也异常地高。它常常被其他公司当作衡量业绩表现的基准。

事实上，能让人们对ABB成就的赞赏黯然失色的，就只有对其CEO珀西·巴尼维克的推崇了。在总体评选中，作为欧洲最受尊敬的商业领袖，他吸引的投票数比公司业绩表现本身吸引的投票数还要多：他尤其因战略眼光和客户关注备受赞扬。

甚至连那些常爱质疑的观察家也为ABB和它的领导人鼓掌叫好。1996年，《经济学人》（*The Economist*）的约翰·米克尔思韦特（John Micklethwait）和阿德里安·伍尔德里奇（Adrian Wooldridge）合著了一本语气尖刻的书——《企业巫医》（*The Witch Doctors*），专门评论那些管理权威。但在谈到ABB时，他们却将质疑放在一边，这样评论道：

欧洲极少出现管理巨星，但有一个人毫无疑问能配上这个称号，那就是珀西·巴尼维克……他是个身材高挑、语速极快的瑞典人，有着无穷精力，获得了他这行业能得到的全部荣誉，无论是年度新兴市场CEO还是（两次）

欧洲最受尊重公司的领导人。

对巴尼维克的评价是否过誉？米克尔思韦特和伍尔德里奇说：一点儿也不。他们接着说道："这一次，夸张有理。"他们继续夸奖巴尼维克形象威严，战略眼光大胆，不说废话，ABB 组织结构灵活等，重复着以前的主要观点。

1997 年 1 月，在执掌阿西亚和 ABB 十几年后，珀西·巴尼维克将首席执行官的职位转交给电力运输执行副总裁约兰·林达尔（Goran Lindahl），但他依然保留非执行主席的职位。移交过程非常顺利，ABB 的业绩依然优秀。《金融时报》曾刊登名为《掌握管理》的系列报道，由英国阿斯里奇管理学院的两名研究员凯文·巴勒姆（Kevin Barham）和克劳迪娅·海默（Claudia Heimer）共同撰写，其中就有关于 ABB 的描写。作者注意到 ABB 超乎寻常的商业成功，盛赞它为"新的国际组织形式"。他们将 ABB 的成功归结于"五盏指示灯"：客户关注，连接性，沟通，共同掌权，整合。1998 年，他们两人又合作出版了一本《ABB 公司：跳跃的巨人创建全球联合公司》（*ABB: The Dancing Giant*）。这本书多达 382 页，以几十篇文章和案例研究以及对 ABB 经理们的一手采访为基础，是近十年来对 ABB 称赞的集大成者。巴勒姆和海默称巴尼维克为"世界上最有影响力的经理人”。他们描述了 ABB 的组织结构，欣赏它旗下员工的高度自主权，将 ABB 的经理们比作“新品种的超人类”。他们最后得出结论，称 ABB 与通用电气、微软一同高踞“企业的奥林匹斯山”顶峰。他们的话语中毫无讽刺意味——有什么必要讽刺呢？当时 ABB 已经连续十几年业绩优异，它的成就有目共睹。

脱轨：1997 年后的 ABB

然而，还没等巴勒姆和海默的著作付梓，ABB 的运气就发生了逆转。林达尔和巴尼维克开始扭转 ABB 的核心，把其核心从依赖重型制造和工程转移到服务业等一系列新活动中去。当时管理层满脑子都是“知识资本”“无形资产”等概念，领导者们说他们要将 ABB 改造成“知识型”公司。巴尼维克解释道，ABB 正在调整自己的业务结构，扩张到以知识资本为基础，以软件、智能产品和完整的服务方案为核心的高价值业务领域。这一策略的优势明显。在他的描述下，“ABB 正在向知识型公司转变”，这种转变包括“提升价值链，提升竞争力而不是产品和服务。ABB 将降低市场周期波动对自身造成的影响”。

相应地，ABB 重新大举收购，但这次开始涉足金融服务业等新领域。它也开始转让之前的一些核心产业。ABB 以 47.2 亿美元的价格抛售合资企业戴勒姆－克莱斯特铁路运输公司（Adtranz）中自己所占的50%的股份，全面退出轨道交通领域。ABB出售了自己的核燃料业务，将发电生意与法国阿尔斯通（Alsthom）合并，创建了一个股权各占50%的合资企业ABB阿尔斯通电力公司（ABB Alsthom Power）。公众如何看待这次根本性的转变呢？是否有人担心ABB偏离核心？并没有，ABB的新方向得到一致赞同。刚开始，因为ABB声誉极高，极少有观察家敢公开质疑它这番举动能否带来好的结果。而且，它的策略与通用电气的早期转型十分相似，而通用电气当时成功地从制造业转到了金融服务业。与此同时，ABB的股价也在持续上涨，当然和思科的疯涨不同，在股市行情看涨的那几年里，ABB和其他公司的股价增长稳健。当然，ABB的名声不仅来自它的股价，还以举措大胆著称，它将两家平庸古板的公司整合成一家新时代“发电机”。同行的赞赏不绝于耳。ABB的光辉还在它的新任CEO身上体现出来。1999年11月，约兰·林达尔被美国杂志《工业周刊》评为“年度CEO”，成为第一位获此殊荣的欧洲人，跻身杰克·韦尔奇、路易斯·郭士纳（Lou Gerstner）、迈克尔·戴尔、比尔·盖茨等人其中。《工业周刊》赞扬林达尔的战略领导，称赞它通过收购进入新市场和转让成熟产业的举动。

早期的证据似乎证明了ABB的策略是明智的。ABB年收入持续上升，到了 2000 年中期，其股价达到了史上最高的 31 美元。一家商学院已经开始将 ABB 转型作为案例研究，仿佛它已经转型成功:“进入新千年后，ABB 的主动举措已取得明显效果。2000 年年初，ABB 净收入增长 24%，达到 16 亿美元；去年一年年收入增长 40%，达到 247 亿美元。企业分析师们一致认为 ABB 前途光明。一名分析师说道:‘ABB 不再需要担心成本，只要关注增长就可以了。’”

在《ABB 公司》一书中，巴勒姆和海默预测 1996 年后的每一年，ABB 将会“收益满满”。它曾在园中播种，如今到了享受成功果实的时候了。书中处处都表达出对 ABB 未来成就的信心，在结尾时这样宣告:“我们期待听到从苏黎世传出的又一惊喜消息!”

接下来的几年的确令人惊叹，但并非想象中的惊喜。随着 ABB 收益增速放缓，麻烦的预兆早在 2000 年就已经开始显现。2000 年 11 月，约兰·林达尔突然宣布辞职，让所有人都大吃一惊。他给出的理由是这样的：要将 ABB 交到有更强 IT（信息技术）实力的人手中，这对 ABB 实现知识密集型企业转型至关重要。2001 年 1 月，于尔根·森特曼（Jürgen Centerman）继任，宣布要转变 ABB 赫赫有名的组织结构。从那之后，ABB 不再以产品为核心，而要关注产业和顾客群。森特曼解释道，过去的结构需要 10 个机构服务同一客户，这导致了权责重叠和混乱。新的设计结构将会更加简单，有助于加深与关键客户的联系。

无论有没有采用新结构，ABB 业绩下滑的势头并没有停止。2001 年 4 月，随着市场需求疲软，报道称 ABB 年收入下降 6%。记者们猜测林达尔离职的真正原因是 ABB 持续走低的业绩状况。在之前的收购中也曾出现过不愉快的意外。应证券交易委员会（Securities & Exchange Commission）的书面要求，ABB 公布了一些不好的消息：它 1989 年收购的美国燃烧工程公司卷入了麻烦的石棉诉讼，迫使 ABB 拿出 4.7 亿美元以备诉讼赔偿之需。这些赔偿资金让 ABB 信誉受损，恐将陷入负债的困境。当年夏季，ABB 业绩继续大幅下跌，到 2001 年秋季，ABB 股价较上一年最高值下降了 70%。《华尔街日报》报道称，ABB 收益下降，证明 ABB“从工业转移到知识驱动的高科技产业的设想出现了差错”。

来自董事会的压力日益增大，2001 年 11 月，巴尼维克辞去 ABB 非执行主席一职，取而代之的是董事会成员、德国化工集团赫斯特公司（Hoechst）的前总裁于尔根·多曼（Jürgen Dormann）。然而，在接下来的一年，ABB 业绩下滑得更快，2002 年 9 月，森特曼离任，于尔根·多曼兼任 CEO 和董事会主席，开始重新审核 ABB 广泛的业务。他意识到ABB面临的问题不小，于是迅速扭转公司的发展方向。他将ABB的化工部门脱手，将结构复杂的金融部门卖给通用电气，获得15亿美元的贷款，从而使ABB躲过一场清偿危机。将这些非核心资产出手后，ABB缩小关注范围，将自己定义为主营自动化技术和能源技术的企业。

伴随着业绩的大幅下滑，ABB迎来另一重大打击。2002年年初，新闻曝光了巴尼维克和林达尔曾秘密获取价值1.5亿美元的养老金。尽管ABB的联合主席、瑞典最有影响力家族的一员彼得·瓦伦贝里（Peter Wallenberg）在1992年就已经同意了这笔款项的使用，但他并没有将消息透露给董事会其他成员，更不要说公司上下的经理们。之所以这笔养老金数额如此巨大，是因为它与ABB业绩挂钩，而在20世纪90年代ABB成就辉煌。然而在巴尼维克和林达尔下台之时，ABB已经风光不再，这笔养老金数额之巨大，在欧洲范围内闻所未闻，激起一阵强烈抗议。无论是公司内外，还是在瑞典本土和欧洲各国，人们都被管理层的这一贪婪之举震惊。顶着巨大的舆论压力，巴尼维克同意归还1.48亿瑞士法郎养老金中的9 000万，林达尔归还8 500万瑞士法郎养老金中的4 700万，但他们的名声已然受损。

2002年，ABB年收入损失6亿美元，以致债务激增。有些分析师预测 ABB 即将面临破产。它的市场资本总额当时低于 40 亿美元，仅是它巅峰时期 400 亿美元的 1/10。2003 年年初，ABB 再次尝试进行业务调整、裁员、出售资产，与此同时还要面对石棉诉讼带来的高额债务。第二年，在多曼和新管理团队的带领下，ABB 开始稳定地重新赢利。2004 年夏季，公司收入开始上涨，在上一年的净亏损后首次恢复赢利。新任 CEO 弗雷德·金德尔（Fred Kindle）接管公司。2005 年秋季，石棉诉讼接近尾声，ABB 的债务处在可控范围内。尽管所获得的利润不高，产业需求还不稳定，但 ABB 总算恢复赢利了。

ABB漫游镜中世界

ABB 蒸蒸日上时就不乏媒体报道，一落千丈时自然也有人评头论足。当 ABB 形势大好时，人们称赞它大胆敢为的企业文化，那些长篇累牍的分析都赞赏这种精神，将其归为 ABB 成功的原因之一。但一旦增长停滞，美国石棉诉讼的诉讼请求增多后，人们就开始用不同的眼光看待 ABB 野心勃勃的增长策略。ABB 被说成是冲动愚蠢。2003 年，ABB 董事会主席于尔根·多曼回忆道：“在珀西大肆收购时，ABB 迷失了核心，公司纪律不够严明。”

那么 ABB 的新时代组织形式呢？只要形势不错，它复杂的矩阵式组织结构就被形容成ABB成功的关键，是全球化和本土化的超现代结合，是灵活的巴基球结构。如今却是另一番描述。在ABB业绩衰退时，一名记者写道："巴尼维克先生为公司相隔遥远的分部设计的去中心管理结构，最终导致了各部门之间摩擦不断、沟通不畅。"ABB经理人们曾对公司灵活的设计赞不绝口，如今却认为公司组织结构一直充满混乱和矛盾。数不清的分部、众多的所在国和不计其数的利润中心导致"精力的重复浪费"。允许各部门自主决策导致了后勤办公室四分五裂，公司有576个企业资源规划中心、60个不同的工资表系统、超过600套电子制表软件。数据共享成为噩梦般的经历。经理们还说各所在国间协调不力，竞争紊乱，比如因为担心其他国家的经理会盗用资源而拒绝共享计划。这可不是我们几年前看到的后工业管理典范！有趣的是，没有一篇报道说ABB的组织结构发生过什么改变，依然还是同一套组织结构，只是我们现在关注的是它的缺陷。

或许最尖刻的还是对珀西·巴尼维克的重新评价。在ABB不断再创新高时，巴尼维克被描绘成拥有超人的能力，是所有人崇拜的焦点。他曾被形容成一个富有个人魅力、大胆、有远见卓识的人。一旦业绩不佳，他给人留下的印象就变成了傲慢、专横、听不进批评。人们说他在"自己身边建起围墙"，"以目空一切的态度对待董事会”，和他信奉的开放精神相反，他“垄断信息”。他被指责“收购成瘾”，人们按照那个苦苦寻求圣杯无果的骑士帕西法尔（Parsifal）之名给他取了个“珀西法尔”（Percyfal）的称号。还有人说他对韦尔奇有种病态的迷恋，满心希望 ABB 的规模和成就能与通用电气匹敌。

巴尼维克变了吗？有可能。欧洲工商管理学院的曼弗雷德·凯茨·德弗里斯解释说，有些成功的高层管理“开始相信媒体的吹捧，形成了自恋的恶性循环”。然而，没有人能拿出证据证明巴尼维克是“自恋”的。没有人说过，巴尼维克总是欣赏自己在浴缸中的倒影，花费太多时间打扮自己，在办公室的墙上挂满自己的奖章，或是对 ABB 的生意置之不理。没人能说出“自恋”导致了什么策略或组织上的失误。（也没有人指出许多导致巴尼维克“自恋”的新闻报道正是出自凯茨·德弗里斯之手。）事实上，如果看看这 15 年来的文章，我们就会发现它们对巴尼维克形象的描述始终如一，他大胆、直接、自信。没人能证明他有所改变。所谓的改变不过是根据公司业绩做出的推测。形容胜者就是自信，形容输家就是自大。《财富》观察到：“前 ABB 董事会主席如今声名狼藉，却又面临另一重打击：他的继任者们质疑他留下的生意。”

看见媒体对他 ABB 经历的修正主义评价，珀西·巴尼维克自然感到不悦。《华尔街日报》说巴尼维克“听说别人指责他毁了ABB后怒发冲冠”，还引用了他的话，“我拒绝接受别人指责我们是导火索”。被当作替罪羊“不是一件好玩的事情”。至于美国燃烧工程公司的石棉诉讼，巴尼维克坚持说，在当时它的风险还在可接受范围内。“说我们在13年前早该预见当时无人预见的风险，这简直是混账话。”然而，将公司成败归咎到个人身上的趋势实在难以抵挡。实际上，我们喜爱故事的一个主要原因就是故事不是陈述事实，而是用因果关系将互不关联的事件联系起来，将功过都归于个人。最引人入胜的故事通常都将人物作为事件的中心。当形势大好，我们不吝褒奖，乐于创造出一个个英雄。要是情形每况愈下，我们就开始捏造恶棍来承担指责。这些故事提供一种方法让我们判断对错，论人是非。有关ABB的众多文章中，只有寥寥几篇抵制了这种趋势，保留了些许公正。理查德·汤姆林森（Richard Tomlinson）和保拉·耶尔特（Paola Hjelt）2002年在《财富》的一篇文章中写道：“巴尼维克从不像20世纪90年代大肆吹捧的那样好，也没有最近报道中说的那么坏。自从人们不再盲目夸赞，而是自由评论巴尼维克后，我们缺少了对他应该承担多少责任的公正评价。”这种观点十分明智，却在与ABB相关的文章和研究中十分罕见。大部分作者更愿意把故事写得更简单。曾受万人敬仰的珀西·巴尼维克如今成了自大贪婪、领导不力的代名词。2005 年，苏黎世检察院宣布中止对巴尼维克和林达尔养老金案的调查，ABB 的事件终于暂时告一段落。案件调查结果显示两人并无过错，养老金协议早在 1998 年达成，彼时 ABB 收益良好，协议也符合保密原则。然而伤害已经造成，将二人视作恶人的先入之见已成定局。这一切就像巴尼维克所说的，真是混账。

4
我们身边的光环

一位淑女和一个卖花姑娘的区别并不在于她怎么做，而在于别人怎么对待她。

——萧伯纳（George Bernard Shaw）

《卖花女》（*Pygmalion*），1916

第一次世界大战期间，美国心理学家爱德华·桑代克（Edward Thorndike）针对上级对下属的评估方式进行研究。在一次研究中，他让军官们根据一系列特征评价手下的士兵，这些特征包括智力、体格、领导能力、性格等。研究结果令他大吃一惊。部分士兵被评为“杰出军人”，在各项能力上均得到极高评价；而其他士兵却低于总体平均水平。似乎军官认为一名英俊挺拔的士兵就应该身手不凡百发百中，鞋子锃亮，多才多艺善吹口琴。桑代克将这种现象称为光环效应（Halo Effect）。

光环效应有着不同类型。其中一种正如桑代克所观察到的那样，人们倾向于根据整体印象对某项特质做出评估。对于大部分人而言，要分别评价不同的特征并不容易，将它们混为一谈才是人之常情。光环效应有助于形成和保持和谐一致的心理印象，减少认知失调。举个例子：2001 年秋，在“9·11”袭击发生后，小布什的总体支持率急剧上升。美国公众一致支持他们的总统，这并不让人意外。然而，赞成总统调控经济的人数比例也从 47% 上升至 60%。无论你是否认同小布什的经济政策，都没有理由相信他调控经济的手段会在“9·11”发生后的几周内突然改善。可是要将这些事件分开看待颇有难度：对总统本人的整体支持会对具体政策的态度产生积极影响。美国民众给总统套上一个光环，从而在各方面对他都有良好印象。毕竟，对许多人来说，认为总统在国家安全方面多谋善断，却对经济调控束手无策，这样的想法令人有些难以接受。然而水能载舟，亦能覆舟。截止到 2005 年 10 月，随着伊拉克战争的公众支持率下降，紧接着飓风卡特里娜造成了严重破坏，小布什的总体支持率也从同年 8 月的 41% 下降到 37%。有趣的是，民意调查显示，美国人在各项具体问题上也给总统打出了较低分数：经济政策方面，与 8 月 37% 的数值相比，10 月小布什总统的支持率只有 32%；在伊拉克问题上，其支持率由 38% 下降到 32%；而针对反恐活动，数据从 54% 变成了 46%。各项单独指标共同发生变化，意味着它们并不相互独立，而是基于单一整体的评估，这就是光环。

类似的光环效应在许多场合都会发生。与我合作的一家公司的客服中心每天都会接到上千通电话。有时问题能快速得到解决，但通常客服需要确认情况后再去电回复。在公司随后进行的客户对客服中心的满意度调查中，相较于问题没有得到解决的客户，问题立刻得到解决的客户更倾向于认为客服业务纯熟。这并不让人意外。快速的答复一定来自一位专业的客服，这种推测颇为合理。然而更为有趣的是，在问题得到快速解决的客户中，58% 的人回忆他们的来电立即或很快就被接通，只有 4% 的人记得他们在线上等待了许久。与之相比，在问题未被快速解决的客户中，仅有 36% 的人回忆他们的来电立即或很快就被接通，而认为在线上等待很久的人的比例占 18%。事实上，这家公司采用的是自动应答系统，两组人群的在线等待时间没有任何差异。应该说，人们对客服的总体印象产生了强大的光环效应，从而影响人们对等待时间的认知。

不过，光环效应并不只是可减少认知失调。它还具有启发意义，人们利用这种经验去推测难以直接评估的事物。我们往往会掌握具有相关性、明确并且看上去客观的信息，然后与其他更为模棱两可的特点建立联系。例如，我们可能不清楚一款新产品的质量，但如果这是由一家口碑极佳的知名公司出品的，我们就会合理推断这款产品应该同样质量优异。品牌建设就是这样：创造出一个个光环，使得消费者更容易对产品或者服务产生好印象。光环效应经常发挥作用的另一个场合就是工作面试。我们首先知道的关于求职者最相关、最明确的信息是什么呢？大概是他们得到学位的院校、平均绩点和获得的荣誉。有了这些信息——相关、明确并且看似客观，面试官对其他模糊的信息形成了他们的看法，例如求职者的举止风格或者对问题的回答表现。拥有在优秀院校的杰出记录？这位面试者看起来就会更聪明，做出的回答更机敏，成功的潜力也似乎更大。如果是出身于名不见经传的地方学校，个人记录上无甚亮点？这些人的回答听上去都不够出彩，外表也不那样令人印象深刻。这正是多年前桑代克在研究军官和他们的下属士兵时所得出的结论。

再来看看公司的情况。我们通常所知的一家公司最相关切实的信息是什么呢？当然是财务绩效。这家公司是否赢利，销售额是否增长，股价是否上涨。财务绩效看起来准确客观。人们常说，数据不会说谎——这也是为什么安然、泰科（Tyco）和最近的几件丑闻如此剧烈地动摇我们的信心。我们惯于相信财务绩效数据。人们很自然地基于这些绩效数据推断其他模糊的信息。这解释了我们是如何看待思科公司与ABB集团的。只要思科公司不断壮大，持续赢利，股价再创纪录，那些经理人、记者和教授就会这样推断，思科不仅拥有倾听和回应客户诉求的强大能力，更有团结的企业文化和卓越的商业战略。而当市场泡沫破灭，观察者们马上扭转口径，得出相反的结论。这样才能让故事合情合理、连贯协调。ABB的情况正是如此：销售额和利润上升时，人们对它的组织结构、敢于冒险的企业文化和高层领导做出正面评价；业绩不佳时，评价就变得负面。是记者们夸张了吗？在某种程度上，是的。但更重要的原因是：人类有种天然的倾向，会根据我们认为可靠的线索进行判断归因。

商业世界中的光环

人们用于判断的数据不仅是财务数据。当时任职伊利诺伊大学，后来调任加利福尼亚大学的巴利·斯托（Barry Staw）进行了一项实验，将参与者们分组，要求他们根据一组财务数据估计公司未来的销售额和每股收益。之后，他随机挑选其中一些小组，称赞其做得不错，估算得十分准确，再告诉剩下的组他们表现不佳。事实上，“表现好”的组和“表现差”的组在财务估算上水平相当，唯一的区别就是斯托对他们的表现做出的评价。之后，他让参加者们评价自己组在各个方面的表现。结果是什么呢？那些被告知表现好的组员认为自己这组高度团结、沟通顺畅、乐于接受变动，而且积极性极高；被告知表现差的组员则认为本组缺乏凝聚力、沟通不畅、积极性不高。斯托得出结论，人们会给那些他们相信表现好的组贴上一系列标签，给他们认为表现不佳的组贴上另一套标签。这就是实际运作中的光环效应。

当然，这些发现并不意味着在团队表现中，团队凝聚力和有效沟通一点也不重要。这只说明，如果人们已经知道事情的结果，你就不能指望通过他们的评价来准确衡量凝聚力、沟通和积极性等因素。无论是局外的观察者还是局内的参与者，一旦他们认为结果是好的，就倾向于找积极因素作为原因；一旦他们认为结果不好，就倾向于找消极因素进行解释。这是为什么呢？因为决定良好沟通、团结一致和权责分明的因素很难进行客观评价，所以人们就会用他们认为可靠的其他数据作为判断依据。业绩表现正是人们给团体组织贴标签的一个依据。

有人对斯托的发现提出质疑，他们认为将陌生人聚集在一起，在半个小时内不一定能得出对所在小组的准确认知。因此俄克拉何马大学的柯克·唐尼（H. Kirk Downey）再次进行了类似的实验，采用同样的财务数据，只是参加者变成了之前就在一起工作的同事，并给他们更多时间推算。各组人员再次被随机告知他们表现得好或差。实验结果与斯托实验的结果完全相同。“表现好”的组还是认为他们组内团结一致，组员能力优异，享受共事的感觉，沟通十分顺畅高效，乐于接受新想法，总的来说他们对团队合作的过程十分满意。这完全来源于对他们表现的随机性评价。和斯托一样，唐尼和他的同事们也发现了人们根据业绩表现找出成因的倾向。

结果让人吃惊吗？其实或许不该对此感到讶异。想象一下，有一组人正在积极热烈地表达观点，甚至开始互相争执。如果这个团队表现优异，组员们在回顾时就会说畅所欲言是他们成功的关键。他们会说：“我们坦诚相待、毫无保留，这就是我们成功的原因！我们合作过程极为顺畅！”但要是团队表现不佳呢？成员们的回忆可能就截然不同了。“我们争执不下，讨论没办法顺利进行。下次我们将会互相尊重、维护纪律。”再来想象另外一组人：他们冷静有礼、互相尊重，每个人都轻声细语，一个接一个地说话。如果这个团队表现极好，组员回顾时就会将成功归结于他们讲礼节、善合作的本性。“我们相互尊重，没有发生冲突。我们的讨论顺畅良好！”如果团队表现不好，他们就会说：“我们太讲礼貌，过于拘束。下次我们将会更直截了当，不过分在意他人的感受。”事实上，很多行为都能带来正确的决策。没有特定方式就是“最佳”讨论方式。我们确实要避免极端，但在两个极端之间，有许多行为都能带来成功。正因为不知道最佳决策过程，我们常常根据其他相关的、貌似客观的因素来总结成败原因，也就是我们所了解到的业绩成果。

员工身上的光环

光环效应影响我们对许多事物的看法，包括对公司员工的判断。人们普遍认为，能管理好人力资源的公司比在这方面管理欠佳的公司业绩更好。这正是查尔斯·奥赖利和杰弗瑞·普费弗在《潜藏价值》一书中表达的观点。这种看法的确有道理。一个公司如果能吸引人才，提供有助于提高生产力、激发创造力的工作环境，激励他们为共同利益而努力奋斗，这样的公司应该会有良好的业绩。难道不是这样吗？但请小心光环效应。稍有不慎，我们就会将企业的成功归因在员工身上。

有一个例子令人难以忘怀。1983 年，《财富》进行首次“美国最受尊敬的公司”调查。当时的赢家是 IBM，次年它再次拔得头筹。当记者想知道 IBM 的优势时，时任 CEO 约翰·奥佩尔（John Opel）将功劳记在公司员工身上：“从根本上来说，正是我们的员工成就了 IBM。我们成功的秘诀就在于员工。能有这样一群努力工作、互帮互助的优秀人才是 IBM 的幸运。他们与公司的基本理念契合，在与内部员工和外部人员打交道时都自觉遵循公司理念。我知道这话听起来很老套，但这是事实，除此之外别无其他可分析的了。”那么 IBM 寻找的是哪类人才呢？奥佩尔说：“我们的员工都积极向上、热爱创新。我相信惺惺相惜。我们寻找的就是和当下建立 IBM 伟业的员工具有相同品质的人。”IBM 的员工不仅十分优秀，还注意防范自满情绪的滋生。奥佩尔总结道：“如果公司任何一个人表现出骄傲自大，那么公司形象将会严重受损。今日的英雄，明天可能就会变成流浪汉。”

1984 年，IBM 看起来就是这个样子，人们也认为这十分合理。每天奥佩尔上班时，他身边都是聪明勤奋、热爱创新的人。人们很自然地认为 IBM 的优秀员工就是它成功的原因。然而就是在这几年间，IBM 没能发现主要产品大型计算机系统和小型计算机的商品化趋势。20 世纪 80 年代末，IBM 业绩迅速下滑。到了 1992 年，它已经陷入一片赤字。奥佩尔的继任者约翰·埃克斯（John Akers）也被撤职。观察家们是怎么解释 IBM 失利的？自然是将矛头对准 IBM 员工和企业文化。《华尔街日报》记者保罗·卡罗尔（Paul Carroll）在他的书《悲伤之歌：IBM 的毁灭》（*Big Blues: The Unmaking of IBM*）中批判 IBM “西装革履的企业文化”、“刻板僵化的官僚主义”和“骄傲自大的高层管理”。这一批在 1984 年被大肆吹捧的人如今却被指责为 IBM 业绩下滑的罪魁祸首。是他们突然性情大变了吗？也许并没有。那是 CEO 奥佩尔识人不清——实际上这些人一直以来都顽固自大吗？我认为不然。约翰·奥佩尔发自真心地认为他身边的人都勤奋工作、优秀杰出。这些员工都适应 IBM 20 世纪六七十年代的发展要求。只是当行业剧变，IBM 错失了转变良机，员工们就成为众矢之的。正如我们区别对待淑女和卖花姑娘，我们的评价也会根据情况而变化。

领导者身上的光环

或许没什么比领导者更容易罩上光环的了。好的领导者总是被认为拥有众多优良品质：目标清晰、沟通高效、充满自信、颇具个人魅力……大部分人都赞同这是优秀领导者的必备品质。只是准确定义这些品质就是另一回事了。其中某些品质没有客观评价标准，只存在于观察者的眼中，还会受到公司业绩的影响。ABB 就是这样。当公司业绩优秀时，人们说珀西·巴尼维克目标清晰、沟通高效、充满自信、极具个人魅力。当 ABB 运气不佳时，他就被妖魔化为一个傲慢自大、控制欲强、待人粗鲁的人。当然，也有可能是由于 ABB 业绩下跌，巴尼维克压力增大，越来越焦躁不安。这样一来因果关系就发生了逆转，是公司业绩影响个人行为。但这种观点即便有些道理，也并不高明。没人说巴尼维克变了。

美敦力公司（Medtronic）前 CEO 比尔·乔治（Bill George）在他 2003 年的书《可靠领导力：重新发现创造持久价值的秘密》（*Authentic Leadership: Rediscovering the Secrets to Creating Lasting Value*）中针对领导力也列出了一个类似的单子。他认为出色的领导者应具有如下品质：勇敢坚定、目标清晰、为人正直、个性突出。拥有这些品质的领导者才是可靠的领导者。这些范例毫不意外都是来自成功的公司。乔治也提到了一些失败的公司，当然其领导者通常都不可靠。人们总能找到好话来赞美成功公司的领导，也总能找到理由指责不成功公司的领导。一个用批判性的眼光看待事情的读者应该思考，成功公司的领导有没有不可靠的，不成功公司的领导有没有可靠的。如果没有，那我们很有可能受到了光环的影响。毫无疑问，在一本 2003 年出版的书中，不可靠领导的名单上自然有珀西·巴尼维克的大名。乔治在重述巴尼维克和林达尔的秘密养老金案，描述当时激愤的民情后写道："如今，ABB 的运营持续亏损，现金大量流失，400 亿美元的市场资本额缩水到只有 40 亿美元。"他的言下之意十分明显，巴尼维克作为领导者并不可靠，秘密养老金案就是确凿的证据，这解释了为什么 ABB 业绩不佳。当然，在 ABB 形势大好的时候，没人认为巴尼维克不可靠。

乔治进一步解释道，可靠领导者的品质就是"对任务有着熊熊燃烧的热情，专心致志地克服困难"。最好的例子就是微软的比尔·盖茨。他坚信微软的使命就是要用一套完整的软件统一所有计算机，为防止公司分崩离析，不惜尽全力与美国政府对抗。在 2003 年，为盖茨的坚持鼓掌叫好是件轻而易举的事，因为微软完整地留存了下来。但回到两年之前的 2001 年，情况却完全不同。那时微软被控诉有"掠夺性行为"，法官托马斯·彭菲尔德·杰克逊要求拆分微软。盖茨遭受到了猛烈的抨击，人们认为正是由于他顽固不化，才导致微软陷入与政府没有必要却又极具毁灭性的对峙之中，要是他有一些远见和策略，这种情况本可以避免。2001 年，哈佛商学院的戴维·约菲（David Yoffie）将盖茨的领导风格和英特尔总裁安迪·格鲁夫（Andy Grove）进行对比。英特尔曾经也遭遇过司法部门调查，但采取的策略完全不同。格鲁夫小心翼翼地控制着英特尔，防止做错事，但积极配合司法部调查，以避免对簿公堂。相比之下，盖茨寸步不让，结果自然一团糟。约菲写道："微软这些年来一直官司缠身，面临着司法部和数十个州级法院的起诉。它声名扫地，生意一落千丈，高层管理人员心烦意乱、处境尴尬，公司未来前景迷茫。无论最终诉讼结果如何，微软在生意和名声上都会遭受巨大损失。"引发与政府的冲突可不是好领导所为，约菲说："就算赢得诉讼，公司也会因资源浪费、管理散漫、形象受损而遭受损失。这些问问比尔·盖茨就知道了。"事情还没有就此结束。2004 年年初，就在比尔·乔治称赞盖茨表现的几个月后，对微软提起的新一轮集体诉讼又让众人眼中的微软变得"好斗而粗鲁"，恃强凌弱，"技术不如人时就采用不公平的手段进行市场竞争"。

那么盖茨究竟是怎样的人？是诚实可靠还是有勇无谋？我本人观察盖茨已有很长一段时间。[我第一次研究盖茨和微软的案例可追溯到 1991 年，当时花了一周时间在雷德蒙德市的微软总部采访盖茨、史蒂夫·鲍尔默（Steve Ballmer）和其他微软高管。] 这些年来，他除了全情投入慈善事业、希望改善全球人民健康状况外，几乎没有任何变化。作为微软 CEO，盖茨一直是个有雄心壮志、作风强硬、毫不妥协、对对手不会手下留情的竞争者。这能让他配得上被称作一个睿智、有远见、可靠的领导者吗？当微软顺风顺水时，这种描述听起来合情合理。又或者盖茨其实是顽固不化、脾气暴躁、让公司冒无畏之险的莽撞之人？当局势艰难时，这种指责也不无道理。我们的判断随公司业绩的变化而变化。

这没什么好大惊小怪的。纽约州立大学布法罗分校（SUNY Buffalo）一位严肃的领导力研究专家，已故的詹姆斯·迈因德尔（James Meindl）曾在进行一系列深入的调研后得出结论：脱离公司业绩，我们就没有一套令人满意的高效领导理论。我们自认为了解优秀领导力的内涵，那就是清晰的目标、高效的沟通、准确的判断等，但事实上许多领导者的行为都符合这些标准。任意找一个业绩优秀的公司，我都能找出积极正面的词来赞美其领导者，比如目标清晰、沟通顺畅、判断准确、为人正直等。找一个境遇不佳的公司，我也总能给出其领导者失败的解释。这些都让我想起 1964 年美国最高法院关于言论自由和色情的案例，当时的大法官波特·斯图尔特（Potter Stewart）所说的一番话令人记忆犹新，他说他无法准确定义什么是赤裸裸的色情。“当我看到它，我就知道这是或不是。”如果没有业绩数据，就难以找出优秀的领导，所以领导能力比色情更难辨别，至少斯图尔特法官一眼就能判断出这到底是不是色情。在所有有关领导力的书籍中，大部分人只有了解财务数据这类可以被准确估计的信息，才能对领导力做出判断。一旦有证据显示公司业绩优秀，他们就自信地认为这是优秀领导力、企业文化、客户关注和员工素质的结果。

调查中的光环

光环效应不仅影响个人对决策过程、公司员工和领导能力的看法，在大规模调查中也可以看到它的踪迹。一不小心，调查可能就会沦为光环的集合，就像前面提到的对美国前总统小布什的评价那样。以《财富》杂志的“全球最受尊敬公司”年度评选为例，IBM 在 1983 年、1984 年拔得头筹。每年，《财富》都会邀请上千位企业高管和行业分析师从 8 个方面对上百家企业进行评估，包括管理质量，产品和服务质量，作为长期投资的价值，创新精神，财政状况的健康稳定性，吸引、培养和留住人才的能力，对社会和环境的责任心以及对公司资产的合理使用。将这些答案综合起来就能选出“全球最受尊敬公司”各单项胜者和综合冠军。每次评选投入的精力令人震撼，也因此每年都会产出一篇篇吸引眼球的封面故事。这些年来，获奖的不仅有 IBM，还有通用电气、沃尔玛、戴尔等杰出企业，的确令人印象深刻。

但当研究人员仔细观察时，他们发现《财富》的评选深受光环效应影响。一个公司在 8 个方面得到的分数之间呈现极高的相关性，超出了允许的范围。此外，许多分数也受到公司财务业绩的影响。两项研究表明，公司的业绩表现对整体评分的影响在 42% 到 53%。换句话说，当一家公司利润很高、股价上升时，评审会推断这家公司产品和服务质量高、敢于创新、管理得力、善于留住人才等。思科正是一个例子。1997 年，也是思科登上顶尖商业杂志封面的这年，它首次出现在《财富》“最受尊敬公司”的名单上，位列第 14 名。之后它一路突飞猛进，1999 年位列第 4 名，2000 年获得最高排名第 3 名。思科投资价值得分很高并不让人意外，毕竟它股价极高。但思科在其他方面得分也不低：管理质量、创新精神、员工素质等。2001 年科技板块泡沫破裂，思科股价下跌，它投资价值的得分自然也减少了。随着思科业绩的光环蒙尘，它的总体得分也跟着下降。思科在创新精神、员工和整体表现上不再尽如人意、备受赞赏。2001 年，它的总体排名下降到第 15 名，2002 年位列第 22 名，2003 年位列第 28 名。受光环效应影响的不只是《财富》调查。还记得《金融时报》

的“最受尊敬公司”的调查吗？1996年，当时ABB正处在巅峰时期，它获得的总体评价很高，包括商业业绩、公司策略、最大限度激发潜能等各方面，其领导的战略眼光和重心也受到称赞。这种模式再次与光环效应相吻合。

还有许多类似的例子。1994年，卓越职场研究所（Great Places to Work Institute）推出了名为《全美100家最适合工作的企业》（*The 100 Best Companies to Work for in America*）的书，引起不小轰动。之后每一年，该研究所都会整理出“最适合工作的企业”索引。《国际先驱论坛报》（*International Herald Tribune*）根据这些发现，宣称那些最适合工作的企业都会有良好的业绩表现。它注意到登上1998年度“最适合工作的企业”名单的公司此后5年的整体市场收益率（股价加红利）达到9.56%，而所有达到标准普尔500指数增长水平的公司的收益率只有3.81%。言下之意很明显：那些愿意创造良好工作环境的公司能够吸引人才、提高效率，从而带来杰出业绩。这听起来很有道理。但研究所是怎么判定一家公司是否适合工作呢？很简单，只要问问职员就行了。研究所要求职员在两个方面给公司评分：信任度和企业文化。信任指数由5个要素组成：可靠度、尊重、公正、自豪感和同事情谊。可靠度是根据如下问卷调查衡量的，例如：我对管理层做出的重要决策和变动有知情权，身边的同事都被委以重任。获得的肯定回答越多说明公司可靠度越高，证明该公司是适合工作的公司。尊重是根据以下方面衡量的，例如：人们有权参与涉及本人工作或者工作环境的管理层决策，我有机会通过培训和深造提高业务水平。同样地，获得的肯定回答越多就意味着公司对职工越尊重，越说明该公司适合工作。研究所的网站还会收集如下评论，这条据说来自一位被调查公司的员工："我们公司非常信任员工，个人享有很大自主权。我们不受任何规章制度的束缚，工作时可以随心所欲地做事。团队领导鼓励和激励我们。公司活动和健康计划能让我们更好地平衡工作与生活的关系。"

乍看之下所有事情都合情合理，事实上它们却受到光环效应的影响。利润高、前景好、发展快的企业常常被认为是令人向往的办公圣地。再以思科为例。1998 年，它以第 25 名的成绩首次登上排行榜，1999 年上升至第 23 名。2000 年，思科短暂地成为全球最有价值的公司，其排名飙升至第 3 名，并保持该名次 2 年。当公司裁员、股票下跌时，思科的排名又会怎样呢？2002 年它下跌到第 14 名，2003 年是第 24 名，2004 年是第 28 名。虽然不能说排名紧随业绩变化，但结果也十分接近。2000 年后思科变得不再适合工作了吗？如果我们从员工士气和致富机遇的角度来看，回答是肯定的。但这是思科衰败的反映，而不是原因。如果你认为《财富》和"最适合工作的企业”评比没有受到光环效应的影响，那就不得不相信评审们既没有受到巴利·斯托实验参与者们那种倾向的影响，也不会被《商业周刊》、《财富》和其他杂志的记者观点所动摇。然而，这些都不太可能。

假象一：光环效应

在第 1 章中，我提出了一个疑问，为什么我们对公司业绩了解甚少。人们在这一研究领域投入那么多精力，为什么依然无法找出公司成败的原因？事实上，我们的商业思维被一系列假象左右，首先就是光环效应。经理、记者、学者、专家等各类人往往根据公司业绩找出原因。即使我们进行大规模调查，结果也不过是光环效应的叠加。

扭曲我们商业思维的假象不止光环效应一种。在接下来的章节中，我们将会看到更多假象。但从很多方面来看，光环效应是最根本的假象。它会反复出现，有时还伴随着其他的谬误。它会减弱数据质量，降低我们清醒思考的能力，使我们不能找出影响公司业绩的真正因素。

5

实现自我营救的研究

曾有一位著名统计学者指出，19 世纪时美国被捕的醉汉数目和浸信会牧师数目之间存在着明确联系。这种密切关系确实存在，但是两者数目增多，其间并无因果关系存在，可能只是肇因于美国人口的增加。

——史蒂芬 · 杰 · 古尔德（Stephen Jay Gould）

《生命的壮阔：从柏拉图到达尔文》（*Full House: The Spread of Excellence from Plato to Darwin*），1996

在日常讨论商业话题时，无论是关于决策过程、员工还是领导，我们都受到光环效应的影响。它在日常对话中显现，也常见于报纸杂志中。它还影响着案例分析和大规模调查的准确性。与其说这是故意歪曲事实的结果，倒不如说这是人类的自然倾向。人们总会以显而易见、看起来公正客观的事物作为依据，判断那些抽象模糊的事情。光环效应的效力太大，讲述连贯故事的欲望太强烈，随大溜的趋势也太诱人。

光环效应的确影响了我们大部分人的商业思维，但并非全部。它不是不可避免的。当意识到这种施加光环的趋势时，我们可以采取措施进行修正。比如说，更准确评价面试者的方式之一，就是在不知道候选人毕业院校的情况下做出评估，例如采用标准化测试，或者进行盲审。同样地，如果受过科学训练的研究者们能在细致的研究调查中避开光环效应，我们或许就能回答那个最根本的商业问题了：是什么造就了优秀业绩？

值得庆幸的是，不少商学院和咨询公司都对公司业绩进行了非常优秀的研究。它们的研究可能没有自然科学实验那么严谨，但其设计近似科学，结果可靠。这种研究试图区别某些自变量对因变量的影响。研究者们希望通过仔细收集数据、用精确的统计学测试验证假说，并将各自变量对因变量的影响分离开来，从而提炼出公司业绩背后的驱动因素。

刚开始进行研究的人需要关于自变量的可靠数据，也就是公司业绩表现。所幸这通常不成问题。每个公开交易的公司每年都会公布年收入和利润。Compustat（标准普尔会计数据库）或 DataStream（数据流）这类数据库里有整理好的大量数据，既能提供公司业绩衡量（利润率或资产回报率），也能提供市场衡量（累积股票收益，或是托宾 q 比率，即市场价值与资产重置资本之比）。至于研究公司业绩驱动因素，所需数据取决于我们要验证的假说。对于有些假说，比如研发费用的多元化或是收购策略，这些数据库已经足够，也通常不会受到光环效应的影响。更棘手的是对公司内部状况的研究，例如管理质量、顾客导向程度、企业文化等。在这些分析上，这两个数据库就提供不了多少帮助了。彭博社也无法开发出强大的在线数据库，查询哪些公司管理良好、富于创新、有职业操守、对环境负责。这些数据需要由研究人员来收集。

由于数据收集是一项艰苦的工作，很多研究者很自然地想要参照其他研究的数据，但一定要小心：如果这些研究被光环效应影响，那么借鉴它们并没有多大好处。想知道社会责任感强的企业是不是比其他公司业绩更好？最诱人的方法就是去查看《财富》“最受尊敬公司”排行里“对社会和环境的责任心”一栏，看看这与公司业绩表现之间有没有联系。（答案是：有。）想知道最有创新精神的公司会不会比其他公司表现更优秀？查找《财富》排行里“创新精神”一栏，再看看它与公司表现有无关联。（答案还是：有。）它们之间当然有关联，但我们实际估算的是光环效应的影响力。要是不借鉴其他实验，而是直接自己收集数据呢？方向是对的，但或许我们还是会被光环效应困扰，这取决于数据收集的方式。

顾客导向中的光环

假设我们想检验顾客导向与优秀业绩之间是否存在关联。有了思科作为前车之鉴，我们知道要警惕光环效应。只要销售额和利润攀升，思科就被奉为以客户为中心的模范企业。2000年，在泡沫经济崩溃之前，众人夸赞思科“极度关注客户”，称其CEO钱伯斯是“你见过的最关注顾客的人”。一年后，思科业绩下跌，人们又说思科“对潜在客户态度漫不经心”，销售技巧“令人生厌”。除非我们真的相信思科变糟了（事实上没人这么说），否则只是根据思科每况愈下的财务状况，对它的顾客导向做出不同的判断罢了。因此，我们明白得摆脱杂志报纸的影响，用不同的方式收集数据。

华盛顿大学的约翰·纳维（John Narver）和科罗拉多大学的斯坦利·斯莱特（Stanley Slater）针对顾客导向与公司业绩的关联性进行了研究。他们将公司业绩定义为业务单元利润率。这个定义没问题，但为了描述顾客导向，他们要求经理们根据如下6项标准评价自己的公司：顾客承诺的总体状况、创造顾客价值、了解客户需求、设定客户满意度目标、衡量顾客满意度、提供售后服务。统计测试的结果自然显示公司业绩和顾客导向关系密切。这个结果并不让人意外，因为这正是光环效应的结果。要想知道顾客导向是不是高业绩的原因，我们最不应该做的就是询问经理们："这家公司是不是以客户为导向？"这样一来，我们易受到公司业绩影响得出结论。要得到可信的结果，我们需要采用不受业绩影响的衡量方法。顺便提一下，上述内容并不意味着顾客导向与业绩表现无关，我想说的是如果我们认真衡量，就会发现在某些程度上两者的确有关联。但是采用易受光环效应影响的研究方式，并不是正确的研究方法。

企业文化中的光环

企业文化被公认是公司业绩的另一影响因素。同样地，有许多逸闻趣事能证明企业文化的重要性。这不仅体现在思科和 ABB 的例子上，在其他公司身上也可以看到企业文化的影响。1982 年强生公司（Johnson & Johnson）泰勒诺事件暴发，7 人在服用沾染氰化物的胶囊后身亡。尽管中毒事件只在芝加哥地区暴发，强生还是将全美所有泰勒诺胶囊下架。这一前所未有的举动使强生损失 1 亿美元，但同时也为它赢得了尊重和赞赏。强生的反应为什么能如此快速果断？ CEO 詹姆斯·伯克（James E. Burke）说：“我们的企业文化就是如此。这就是泰勒诺危机来袭时我们还能团结一致的原因。没有它，我们不可能如此高效地处理这次危机。”按伯克的说法，强生能够成功应对这次危机都要归功于其浓厚的企业文化。正因为强生员工在顾客健康、处事正确、为人正直方面观念一致，强生才能迅速采取一致行动。

强生公司的泰勒诺事件令人难忘，但这种正面的逸事几乎可以支持任何一种观点。如果想要表明企业文化对公司业绩有很大的影响，我们需要收集不同公司的数据并从中找出规律。哈佛商学院的约翰·科特（John Kotter）和詹姆斯·赫斯克特（James Heskett）正是这么做的。他们将研究成果发表在自己 1992 年的著作里，书名不意外地叫《企业文化与经营业绩》（*Corporate Culture and Performance*）。科特和赫斯克特将浓厚的企业文化定义为“几乎所有管理人都拥有的一致的价值观和经商之道”。人们通常认为这些公司有“自己的处事风格，能让公司内部上下一心、为了共同目标努力奋斗、积极性高、行为一致、不受陈腐制度和官僚主义束缚”。这就是关键——有优秀企业文化的公司无须各种规章制度，因为员工有着共同的价值观和处事之道。到目前为止，这种说法听起来十分合理。

科特和赫斯克特首先验证了“浓厚的企业文化”是否与业绩有关。他们怎么衡量“企业文化的浓厚程度”呢？他们的研究方法是否摆脱了光环效应的影响？并没有。他们只是要求经理们对自己公司的企业文化进行评分，分值从 1 到 5。结果不出所料，他们发现企业文化浓厚程度与公司业绩成正相关。考虑到光环效应，这样的结果并不让人意外。但两人的研究并没有就此结束。他们认为，就算企业文化十分优秀，如果不“适合”竞争环境，也无法带来良好业绩。因此两人开始验证第二个猜想，那就是企业文化应该“适合”它所处的环境。如何验证是否“适合”？他们还是要求参加的员工给所在公司评分，这次分值从 1（完全不适合）到 7（极其适合）。结果再次显示，业绩优秀的企业的文化适合其所处环境，平均得分 6.1 分，而业绩平平的企业平均得分 3.7 分。这些结果正是典型的自我报告。完全可以预测：当公司业绩优秀，经理们就会认为所在公司的企业文化“适合”所处的环境；当公司财务状况岌岌可危，他们又会感到企业文化与所处环境并不匹配。要是结论不是这样，那反倒让人意外。

科特和赫斯克特继续进行研究。如果优秀的企业文化值得肯定，能适应环境的企业文化较之更好，那么与时俱进的企业文化就最为理想。但如何衡量企业文化的应变性呢？理想做法是连续多年对同一企业文化进行研究，观察其演变过程，并采用不受光环效应影响的衡量标准。但这种方法耗时太长。于是两人转而采用另一种方式，假定企业文化应变性与两个因素有关。第一个因素是领导力——他们认为有出色领导的公司更能适应不断变化的市场环境。于是，他们问参与者：“你所在的企业文化有多看重管理层的领导能力？”分值范围是 1 ~ 7 分。业绩优秀的公司平均得分 6 分，业绩不尽如人意的公司平均得分不到 4 分。这也是我们所预料的——参与调查的人都将卓越领导力与成功企业联系在一起。第二个因素是顾客关注度。他们认为如果企业客户关注度高，它们就会适应得更快，表现也更好。这听起来十分合理，但正如我们所看到的，如果让经理们针对客户关注度给所在公司评分，得到的只能是光环而已。结果显示业绩好的公司平均得分 6 分，业绩差的公司只有 4.6 分。但由于在衡量客户关注度时没有排除业绩的干扰，我们并不能确定到底是高客户关注度提高企业文化应变力，进而提高公司业绩，还是优秀企业的雇员倾向于认为所在公司客户关注度高。就我们对光环效应的了解，后者和前者都很有可能。

尽管两人的研究在逻辑和数据可靠性方面都有不足，科特和赫斯克特还是强调他们展示了企业文化与公司业绩之间有因果联系。他们是这样总结的：

> 企业文化对公司的长期经济表现有显著影响。我们发现，重视关键管理因素（顾客、股东和员工）以及各级管理者领导力的公司，在各方面表现都比没有这种企业文化特质的公司优秀得多。11 年内，前者收益平均增长 682%，后者仅为 166%；前者员工人数增加 282%，后者为 36%；前者股价增长 901%，后者为 74%；前者净收入提高 756%，后者仅为 1%。

再看看最后的结论：11 年间，将注意力平均放在顾客、股东和员工身上的公司，比那些没有这么做的公司净收入高出 756 倍。不只关注给股东带来收益的话，能给公司带来巨大的收益。

注意“有显著影响”这个用词。这是一种科学的表述：如果这么做，就会有这样的结果。这样的故事情节十分诱人，他们的发现甚至可能是正确的，但鉴于他们的研究方法存在缺陷，我们无法下定论。科特和赫斯克特的研究方法让我们无法得出有关企业文化及其对公司业绩影响的结论。

需要澄清的是，我承认强有力的客户定位或许真的能带来更好的业绩。在其他条件相同的情况下，如果一个公司愿意倾听客户、提供满足客户需求的产品与服务、努力满足客户要求，那么它通常都要比不这么做的公司表现得更为优秀。但采取的方法不应该是问“你们公司是不是以客户为导向”这种问题，这样得到的结论只能是公司业绩暗示下自我报告式的光环。要衡量顾客导向，你需要采用不受业绩影响的衡量方式。研究企业文化同样如此。如果员工价值观相同，不需要别人告诉他们要做什么，决策的确会更快速，员工合作也更容易。但要衡量企业文化的优势、合适程度或者应变能力，不应该仅仅是去询问那些了解公司业绩的人对这些要素的看法。相反，要从不受业绩影响的特定行动、政策或表现中找到答案。

假象二：因果关系

想回答所有商业问题中最根本的问题——“是什么造就了优秀

业绩？”，有一点已经很清楚了，那就是要避免光环效应。我们要用不受业绩影响的方式收集数据，这样一来，自变量的衡量标准就与我们想要解释的现象之间互不干扰。值得庆幸的是，许多有识之士深入思考了数据独立性的问题，努力展开认真严谨的调查。但即便研究者们想要摆脱光环效应，也不一定能找出优秀业绩的驱动因素。原因是什么呢？本章开头提到的古尔德的例子就很能说明这个问题：19 世纪美国被捕的醉汉数目和浸信会牧师数目之间存在着紧密联系，但我们不能确定两者是不是存在因果联系。是酗酒人数增多使得人们更加关注社会道德问题，从而产生了对牧师的需求，还是这两者都是由另一个因素导致的，即人口基数的上升？我们只知道它们之间存在关联，但不能确定它们是否有因果关系。

从关联性中推断因果关系使得许多商业研究都出了差错。以最基础的员工满意度与公司业绩之间的关系为例。员工满意度高的公司能创造出优秀业绩的想法合乎逻辑。毕竟，对公司满意的员工会更愿意努力超时工作，也更在意如何让顾客满意。这听起来完全正确。我们知道不能通过询问员工“你满意吗？”来简单地衡量员工满意度，因为这样得出的结论会被光环效应扭曲。假设我们采取的衡量标准不受光环效应影响，例如人事变更率，并发现它与公司业绩相关。现在我们要做的就是厘清其中的因果关系。人事变更率低会带来出色的公司业绩吗？也许会，因为如果人员构成稳定，就能为顾客提供更可靠的服务，雇用新员工和培训方面的支出也会减少。还是说公司业绩出色会导致人事变更率降低？这也有可能，因为一个盈利不断增长的公司能提供更振奋人心、更有益的环境和更多的提升机遇。如果管理者想要知道应该采取怎样的措施，明确哪个是因、哪个是果十分重要。这样一来，他们才能知道相较于其他因素，应该在提高员工满意度上投入多少。

假设我们想知道高管培训对公司业绩的影响。第一步，我们要避免光环效应，选取不会被公司业绩看法影响的数据来衡量，例如培训总开支、平均每位员工受培训的天数、培训机会的覆盖范围等。假设数据显示培训开支高的公司业绩表现更好，那我们应该怎么解读这种结果呢？我们能断定高培训投入就能带来高业绩吗？不能，因为也有可能是收益高的公司有更多资金来投入培训。如果仅仅收集某一时间点的横向数据，我们就永远不能确定。心理学家埃德温·洛克（Edwin Locke）强调了这一点："尽管相关性能暗示事物之间或许存在因果联系，但它不能作为科学的证据。相关性本身不能说明任何问题。"

你是不是认为咨询公司能更好地区分关联性和因果关系呢？再仔细想想。2006年，咨询业界领头羊之一贝恩咨询公司（Bain &

Company）在其官网上宣称“贝恩的客户业绩表现是股票指数的4倍”。表格数据显示1980年至2004年间，标准普尔500指数增长15倍，而贝恩客户的股价增长近60倍，是市场增长速度的4倍。这说明了什么？只要听从贝恩的建议就能业绩出色，而且是极为出众。但这个说法有两大漏洞。第一个漏洞，就像贝恩发言人向我解释的那样，数据实际上显示的是贝恩当时的客户每季度业绩与当季度的标准普尔指数之比。25年（即100季度）内总计400%的比值，平摊到每季度就只比1%稍高，确切地说是1.4%，这数据虽不高但也不容忽视。只是你要连续25年每一季度都保持这个差额，才可能以4倍的差距超过对手。大部分咨询合约时间只有几年，达不到25年这么长，这也就意味着单个客户与其对手的差距要比4倍小得多。第二个漏洞对现在的讨论更为重要，那就是贝恩的数据所展现的只是关联性，而非因果关系。即便贝恩客户每个季度的业绩都优于市场平均数1%多一点，这难道就能说明与贝恩合作一定能业绩优秀吗？贝恩的言下之意的确如此，这有可能是对的。但有没有可能只有盈利高的公司才能负担起贝恩咨询服务的费用？这也有可能是正确的，这样一来就说明与贝恩合作并不能带来高收益；事实上，结论可能是相反的——只有盈利高的企业能请得起贝恩。这再次证明，简单的关联性并不能说明什么。

提高解释因果联系能力的一种方法，就是在不同时间点收集数据，这样一来某一变量对结果的影响就能清楚地分离开来。这种称为“纵向设计”的方式需要的时间和金钱都更多，但它能大大降低从简单关联性中得出错误推断的概率。例如，我们能用它验证，假设在某一段时间内咨询公司的建议有效，该企业在接下来的时间内是否能依旧保持优良业绩。马里兰大学的本杰明·施奈德（Benjamin Schneider）和同事们开展了一项研究，采用纵向设计的方法求证员工满意度和公司业绩的关系，试图找出其中哪个是因。他们收集了数年的数据，因而能够同时观察到员工满意度和公司业绩的变化。得出的结论是什么？以资产回报率和每股收益为标准衡量的财务业绩对员工满意度的影响更大。似乎身处一个成功的团队对员工满意度的影响更大，而满意度高的员工对公司的影响则没有那么深刻。施奈德和他的同事们是怎样打破僵局，找出因果的呢？就是通过纵向收集数据。依靠单一时间点收集数据来判断因果当然要容易得多，但却假象丛生。

假象三：单一解释

受过严格扎实的研究方法培训的人都应该知道要避免采用受光环效应影响的数据来源。处理关联性和因果性也是如此：众所周知，从横向数据推断因果极具危险性。但即使我们避免上述两种假象，有关公司业绩的研究有时又会碰上另一个棘手的问题，那就是单一解释。

让我们回到顾客导向的问题上来。我们知道不能通过询问“这家公司是不是以顾客为导向？”来衡量，因为这样一来捕捉到的只是光环。除此以外还有更好的办法。亚利桑那大学的贝纳德·贾沃斯基（Bernard Jaworski）和得克萨斯大学奥斯汀分校的阿贾伊·科利（Ajay Kohli）调查了市场定位与公司业绩的联系。他们以三方面来定义市场定位：市场情报制造、市场情报传播以及商业部门对市场情报的反应。他们要求参与者评判 32 项陈述。大多数的陈述与主观看法无关，只涉及客观事实。这一举措是巨大的进步。比方说，参与调查者被询问他们公司是否每年至少会在终端用户间展开一次民意调查，评估其产品与服务质量。这类回答通常能被客观衡量，不会被公司业绩表现所左右。参与调查者还需要回答“客户满意度的数据是否定期传达给各级员工”，答案只能是“有”或“没有”。这样的评估不会受到光环效应影响。

贾沃斯基和科利调查的样本范围广泛，涵盖市场动荡、竞争激烈、技术波动这三种不同竞争环境中的公司。这样一来，他们就能比较不同环境下的结果，从而判断市场定位和公司业绩之间的关系是否能用市场动荡或竞争激烈来解释。通过计算，他们发现市场定位与优良业绩之间关系密切。用统计学术语来说就是影响十分显著，这意味着两者的关系并非偶然，而是切实存在的。他们的模型中R平方①为0.25，意味着市场定位可以解释25%公司业绩的变动。研究结果是如此激动人心！两人满怀信心地说："研究结果表明，无论市场是否动荡，竞争是否激烈，技术是否波动，一个公司的市场定位是其*业绩表现的重要决定性因素*。"（斜体字是我加的。）在他们两人看来，市场定位的改进能提高业绩表现。他们没有说市场定位就是一切，但他们强调他们的模型能解释25%公司业绩的变动，这的确优势显著。他们还迫不及待地告诉管理者们这意味着什么："这样一来，管理者要想提高公司业绩，就应该努力提升市场定位。"

先将上述内容记于心间，让我们来看下一个热门话题，企业社会责任（corporate social responsibility，简称CSR）。这一概念是指企业应该不仅仅追求利益，还要考虑到持股人所关注的，包括社区、环境、员工和整个社会。这听上去很合理，但有没有证据表

① R平方用来反映业绩基准变动对基金表现的影响程度。——编者注

明企业社会责任能带来更好的业绩呢？我们不能仅靠关联性做出判断，因为即便有强烈社会责任感的公司业绩表现良好，我们也无法断定何者为因。可能良好的环保记录、产品安全性高、社会投资的确能帮助提升业绩，但也有可能情况正好相反，因为成功企业在社会责任上能进行更多投资。特拉华大学的贝尔纳黛特·鲁夫（Bernadette Ruf）和她的 4 位同事验证了企业社会责任对公司业绩的影响。他们收集了来自 488 家公司的数据，取样广泛。他们并没有简单地询问经理们“你们公司在企业社会责任方面做得怎么样？”，而是采用独立的数据集，从 8 个维度来衡量企业社会责任。这个方法能很好地降低光环效应的干扰。为了保证不会将关联性与因果性混为一谈，他们收集了 3 年的数据，这样就能够观察某一年企业社会责任方面的增强是否能促进之后几年业绩的提升。他们还将行业与公司规模作为控制变量。到目前为止，一切都没有问题，看起来这是个严谨细致的研究。在运行该模式时，鲁夫和她的同事们发现在第一年改进企业社会责任能提升第二年的公司销售额，从而在第三年提高利润。同样地，该影响在统计学上十分显著，净资产收益率的 R 平方为 0.415，销售利润率的 R 平方为 0.425。这是项惊人的发现——公司业绩 40% 的变动竟然都与企业社会责任有关！研究者们自信地宣称：“现行研究结果表明企业社会责任提升不仅在当下对公司业绩有影响，这种影响还会不断持续。”

但稍等一下。如果市场定位能解释 25% 的公司业绩表现，企业社会责任能解释 40%，这是否意味着两者一共可以解释 65% 的公司业绩变动呢？这些因素是否相互独立，因而其影响可以叠加呢？还是说市场定位准确的公司通常也有很强的企业社会责任意识？这个问题至关重要，因为如果两种因素造成的影响有所重叠，那么我们就无法断言贾沃斯基和科利研究中显示的业绩提升只是由于市场定位，也不能确定鲁夫和同事们发现的业绩上升仅仅是企业社会责任的作用。或许两者解释的是同一个问题，这样的话每个研究的指导意义就被夸大了。（事实上，2005 年《经济学人》的一项调查显示，许多企业社会责任方面的举措只是“管理完善”的体现。每一个管理有方的公司都会开展体现企业社会责任的活动——要是不这么做才奇怪呢。）

让我们再往这混乱的局面里添加一项研究。新泽西州立罗格斯大学的马克·休斯里德（Mark Huselid）和纽约大学的苏珊·杰克逊（Susan Jackson）、兰德尔·舒勒（Randall Schuler）对人力资源管理（human resource management，简称 HRM）对公司业绩的影响进行了调查。他们要求经理们描述自己公司的人力资源管理状况，问题包含超过 40 个彼此独立的相关事项。他们在设置问题时留意将光环效应的影响降低，并且采用纵向设计的研究方式来避免关联性和因果性混淆的问题。此外，他们还控制了诸如企业规模、资本密集度、联盟范围、销量增长、研发强度等变量。他们最终发现人力资源管理与公司业绩相关，人力资源管理效率提升一个标准差，销量增长 5%，现金流通量增长 16%，股市价值提高 6%。研究者们强调："总体来说，这些估算表明了有效的人力资源管理对 3 个经常用来衡量公司业绩标准的作用。"他们接着道："我们的结论支持一个流行了近 10 年的观点，那就是在人力资源上进行投资是潜在的竞争优势来源。"

但这是否说明上述业绩提升只是由于人力资源管理的作用，而与市场定位或者企业社会责任等其他因素无关呢？如果是这样，一个已经通过调整市场定位、增强企业社会责任来提高业绩的公司，还能通过改善人力资源管理状况让业绩更上一层楼吗？还是说这些因素的作用相互重叠，而且重叠程度还很高？后一种解释的可能性更大。事实上，一家关注顾客和广大公众群体的公司，也关心旗下员工是完全符合逻辑的。毕竟员工也是重要的持股人，鲁夫在衡量人力资源管理时也将其纳入衡量标准。市场定位、企业社会责任和人力资源管理的影响在很大程度上有所重叠。

为了说明这个问题有多么广为流传，我再举一个关于领导力的例子。人们通常认为公司的掌权人 CEO 对公司业绩影响深远。这的确有道理。我们都能想到哪位新上任的领导迅速采取措施，从而提升公司业绩；哪位新领导却将公司带入歧途。一项研究尝试通过追踪公司领导换任前后公司业绩的变化，从而找出 CEO 对公司业绩的作用。公司业绩和 CEO 任期的数据早已是公之于众的事实，因此不用担心会受到光环效应的影响。研究者发现，15% 的公司业绩变动都可以通过 CEO 换任来解释。一位研究者总结道："换句话说，CEO 的人选至关重要。"

这个结论当然不错，但是这 15% 的业绩能和顾客导向、企业社会责任、人力资源管理所造成的业绩变动相加吗？还是说领导力的效用和其他的有所重叠？新 CEO 做的不只是更换姓名牌，坐在豪华办公室的大办公桌后。他必须有所作为，例如设定新目标，或者带来更好的市场关注，从而帮助提升企业文化，或是大幅改进人力资源管理方式。CEO 在业绩提升上的功劳，与其他对公司成就的解释有所重合。

我们发现了问题的关键：所有这些研究都只关注对公司业绩的单一解释，而将其他因素置之不理。如果这些因素之间没有关联就罢了，但常识告诉我们，许多因素都能在同一家公司里找到。难道我们不该认为一家在某方面出色的企业在其他方面也遥遥领先吗？偶尔会有一两位研究者承认这一点。前述的人力资源管理研究的研究者，罗格斯大学的马克·休斯里德和纽约州立大学布法罗分校的布莱恩·贝克尔（Brian Becker）强调，尽管他们已经尽己所能精确衡量人力资源管理系统对公司业绩的影响，但依然有“一些未被注意的公司特征，例如市场营销质量或生产策略，使得我们无法准确估算人力资源管理与公司业绩的关系”。他们详细阐释道：“商业读物通常关注的就是那些难以测量的影响与人力资源策略有正相关作用，因为这些措施对企业成功的影响完全出于偶然，或者这仅仅反映了公司各级管理出色。”这说法完全正确。他们总结道：“在商业出版物中有大量证据，证明企业各方面管理所得的信誉相互关联。”

难怪想要找到业绩的驱动因素如此困难。即便我们避开了光环效应，采取纵向设计的方法进行研究，依然无法解决各种解释之间可以相互替换这个问题。影响公司业绩的因素不计其数，我们难以准确衡量某一因素的影响究竟有多大。即便我们尝试控制公司的外部因素，例如环境变化、竞争激烈程度、行业与企业规模，也难以掌握公司内部的各种因素。

很少有人关注如何解决解释可以相互替换这一问题，除了休斯里德和贝克尔。在讨论研究局限性方面，其他文章要不就是在结尾处蜻蜓点水地提及，要不就是完全忽略。为什么？将人们的注意力引向研究的局限性会让整个故事的说服力大打折扣，不能展示特定变量对公司业绩的作用。许多学者都想让自己的结论显示出强有力的因果联系，他们想要说明领导力至关重要，或是人力资源管理对公司成功与否影响重大，又或是关注顾客能否显著提高公司业绩。读者也更偏爱脉络清晰的故事，他们不想知道部分原因、递增效应、可靠性存疑等问题。还有更深层次的问题。哈佛心理学家史蒂芬·平克（Stephen Pinker）观察到，大学院系的划分对知识体系的划分来说并不一定有意义。有些重要问题处在各领域的交汇处，例如决策研究就是在认知心理学、社会学和经济学的交叉部分。关于业绩表现的研究同样如此，它受到多重因素影响。然而，研究者们通常只有其中一个领域的研究背景。如果你是市场营销的教授，自然更关注市场定位和顾客关注，并且竭力想要展示自己专业的重要性。人力资源管理或商业道德的教授也同样如此。他们缺乏真正的动力去探求与其他因素的关联性，最好是让这些因素安全地远离视线。相关杂志则通常采用“双盲”的方式进行审稿，评论者和作者互相不知道对方的姓名，以此保证公正性。但《人力资源管理》期刊（*Journal of Human Resource Management*）的几乎所有评审都对人力资源管理的重要性深信不疑。因为这是他们的研究领域，是他们的专长。他们自然也更青睐那些展现人力资源管理重要性的文章。《商业道德》期刊（*Journal of Business Ethics*）同样如此，强调在企业社会责任上的投资能带来公司利润的研究颇受他们欢迎，因为这为该领域的理论提供了极好的证明。谁又会对《市场营销》期刊刊登了一篇证明市场定位对公司业绩的重要性的文章横加指责呢？要指出市场定位与其他许多因素互相关联，而其单一的影响微不足道，这需要极强的自我约束力。当然，这种夸大的趋势不仅见于学术期刊，在商业杂志中也并不罕见。比如前面提到的那篇强调"适合工作的公司"对提升业绩重要性的文章。断言越是坚决，标题越是醒目，就越是易于忽略其他解释。

为了让观察视角更丰富，我最后再提一项研究。波士顿大学的安妮塔·麦加恩（Anita McGahan）和哈佛商学院的迈克尔·波特（Michael Porter）着手研究业务单元的利润，看多大一部分能用所在行业、所属公司和管理方式来解释。最后一项被命名为"特定部分效应"（segment-specific effects），几乎涵盖本章所讨论的全部内容：顾客导向、企业文化、人力资源管理系统、社会责任感等。他们收集了从1981年到1994年上千家美国企业的数据，发现"特定部分效应"能解释32%的业务单元业绩。仅有32%！剩下的要么是因为行业或者公司的影响，要么就是无从解释。所以，可能我们之前所看到的研究都有道理！它们共同解释了那 32% 的业绩。每项研究都自称将业绩表现的驱动因素分离出来了，其实不过是陷入了单一解释的假象。

6

欲寻星光，却得光环

我们头上顶着青天，天上布满了星星。我们常常仰卧着，看着天上的星星，并且讨论着它们是造的呢，还是自然而然出现的——吉姆非说它们是造的，可是我认为它们是自然而然出现的。我想如果要造那么许多星星，那得费多大的功夫？吉姆说月亮可以像下蛋一样把它们下出来。好吧，这个说法似乎有些道理，所以我没再反驳他了，因为我见过一只青蛙一次就能产好多的卵，那么月亮当然也能下出这么多星星来。我们还常常看那些星星落下来，看着它们划过天空。吉姆认为它们都是变坏了，才从窝里被扔了出来。

——马克·吐温

《哈克贝利·费恩历险记》(*The Adventures of Huckleberry Finn*)，1885

《追求卓越》(*In Search of Excellence: Lessons from America's Best-Run Companies*)出自麦肯锡公司(McKinsey & Co)的汤姆·彼得斯(Tom Peters)和鲍勃·沃特曼(Bob Waterman)笔下，是第一本风靡一时、引起巨大轰动的商业读物。这本书广为流传，并引发了无休止的讨论。而在光环效应与其他假象泛滥的情境之下，这本书值得被重新解读。令人费解的是，该书尽管有不少漏洞，却一直广受好评。事实上，相比其后复杂而浮夸的研究，它正是因为简约的风格受到喜爱。我们随后再来讨论这些后来的研究。

《追求卓越》的神话始于 1977 年，当时可能是美国享誉最高的咨询公司麦肯锡公司正进行一项有关组织结构的研究，随后将研究范围扩大到管理系统和技巧，该研究最后成为关注卓越管理的研究。彼得斯和沃特曼以一个宽泛的问题开头：为什么有的公司比其他公司更成功？他们首先经过一轮谨慎严格的筛选，挑出一批美国最杰出的公司。原始样本数有 62 个，每家公司都实力强劲，筛选后留下的只有 43 家顶尖企业，其中最杰出的都是美国商界的精英公司，包括波音公司（Boeing）、卡特彼勒（Caterpillar）、达美航空（Delta Airlines）、DEC 公司（Digital Equipment）、爱默生电气集团（Emerson Electric）、福陆（Fluor）、惠普（Hewlett- Packard）、IBM、强生、麦当劳、宝洁和 3M 公司等。为了了解这些公司的成功秘诀，他们采访大批人士并采集大量数据。之后，他们描述道："在结束采访和调查后，我们开始筛选和整理数据。大约 6 个月后，我们得出了结论，这也是支撑本书的核心论点。"整个研究过程细致、系统、逻辑性强、客观，没有胡编乱造，也没有拐弯抹角。

这就是他们在 1982 年的前言中写的内容。将近 20 年后，彼得斯讲述的内容又有了些许不同。《快公司》（*Fast Company*）2001 年刊登了一篇名为《汤姆·彼得斯的真情告白》的文章，他写道：

> 我用一套官方的口吻来讲述这个故事，而那全是瞎扯。我是这么说的："日本企业正在制造质量上佳的汽车，美国市场因此受到冲击。所以我和沃特曼两人着手寻找管理的真正秘诀。"通常在讲述这个版本时，我都用仿若神明的语气，来制造一种我们所谓十分重要的印象。
>
> 而事实完全不是这样。

真相是什么？彼得斯回忆道，最初他的项目并没有在麦肯锡公司引起多少重视——它还不够成熟，只是另一个战略项目的附带研究项目。至于研究方法，“没有仔细规划的工作计划，没有竭力证明的理论”。相反，他们到处问麦肯锡的合作伙伴：“谁的工作比较与众不同？在哪里有大事发生？”他们和杰出的学者与经理交流，和“真正聪明、极其有趣的一流人物”沟通。他们四处打探，提出一系列问题，之后再找出模式来解释这些优秀公司的共同点。

一段时间后，彼得斯和沃特曼被要求将研究结果展示给西门子公司（Siemens）的高层管理人员。他们用了超过 700 页幻灯片，报告得十分详尽。展示的反响不错，很快他们又被邀请到百事可乐（PepsiCo）给高层管理人员做类似的报告。百事可乐的领导安德烈·皮尔森（Andrall Pearson）是个顽固的人物。（这一点我早已知道。数年前我与他共同在哈佛商学院执教时，他就自豪地将一篇 1980 年《财富》的文章挂在墙上，这篇文章称他是全美十大最强硬的管理者之一。）彼得斯回忆道：“我们知道他要是看到 700 页幻灯片，定会勃然大怒。”于是，随着时间一分一秒地逝去，彼得斯坐在桌前，闭上眼睛，身体前倾。之后，正如他回忆的那样：“我在一沓纸上写下了 8 条要点。从那以后这 8 点就再也没有变过，这就是《追求卓越》一书中的八大原则。”

美国优秀公司的八大原则——摘自《追求卓越》

注重行动：与其通过层层分析和报告文件来讨论问题，不如切实采取行动，无论是什么行动。

贴近顾客：了解客户喜好，为其量身打造服务和产品。

自主创业：将大企业划分为小公司，鼓励它们独立思考，互相竞争。

以人促产：帮助员工培养这种意识，即他们的全心努力至关重要，也会共同分享公司成功的成果。

价值驱动：坚持高层管理人员应密切跟进核心业务。

不离本行：坚守公司最了解的业务范畴。

精兵简政：减少行政级别，减少高管人数。

宽严并济：形成坚守公司核心价值的企业氛围，同时容许员工拥有个人价值观。

在当时的情境下，《追求卓越》掀起一股新风，挑战当时陈腐的管理模式，如强调命令和控制的管理方式、追求时间和行动的精准、要求员工像运转良好的机器部件般互相配合。让我们看看这个列表：顾客、价值观、员工、关注点。这与我们在第 5 章提到的提升业绩的因素并无不同。关注顾客，有强有力的价值观，培养有助员工发展的企业文化，放权给员工，持续关注核心业务。要准确分离企业文化、领导力、顾客导向等各种因素对公司业绩的影响，这并不是件易事，因为它们或许相互关联。依彼得斯和沃特曼的看法，事实正是如此，杰出企业做到了以上的所有方面。这正是它们脱颖而出的原因！优秀的企业不只是在一两个方面做得好，而是全方位地表现优异。成功的秘诀并不复杂，但需要重视优秀管理的细枝末节。彼得斯和沃特曼观察到："在我们看来，太多管理者忽略了基础：快速行动、客户服务、可行的创新。没有每个人的尽心尽力是做不到这些的。"《追求卓越》不过是再次强调了优秀管理的基本原则。

他们的研究可靠吗？2001年，彼得斯承认他们是得出结论后再进行定量数据分析的。他解释道："麦肯锡毕竟是麦肯锡，我们认为需要有一些对公司业绩的定量检测。"那他们是怎么得出结论的呢？他们是筛选整理，将大量的采访笔记浓缩为八条原则吗？彼得斯说，没有，"我承认，我们伪造了数据"。我不确定彼得斯说他们伪造了数据是什么意思，因为我认为他没有必要伪造数据。如果他们采用的是采访中管理者们的回顾，而这些都被《商业周刊》《财富》《福布斯》《工业周刊》等杂志文章夸大了，那么数据很有可能从一开始就受光环效应干扰。难怪《追求卓越》一书认为优秀企业擅长管理、倾听顾客、有强有力的价值观、有良好的企业文化。这些观点我们之前都见过。如果一开始就挑选出 43 家优秀企业，得出这样的结论也并不让人意外。描述成功企业的词总是战略清晰、组织合理、企业文化强大、关注顾客等。但究竟这些因素是优秀业绩的驱动因素，还是说它们只是根据业绩推导出的结论，这是两个不同的问题。彼得斯和沃特曼追求的是卓越，寻得的却只是光环。

当然，这些小瑕疵无关紧要。1982 年，《追求卓越》一书在书店上架销售，当时正值日本企业崛起，美国公司因此有了危机感。人们身边都是丰田（Toyota）或本田（Honda）的汽车，相机品牌无外乎尼康（Nikon）、佳能（Canon）或奥林巴斯（Olympus），电视都产自索尼（Sony）、东芝（Toshiba）或夏普（Sharp）。“日本制造”已经成了质量的象征。哈佛教授傅高义（Ezra Vogel）宣称，日本已经是世界第一大经济体——“一番”。书店书架上摆满《日本管理艺术》（*The Art of Japanese Management*）这类的书籍。在这种混乱的情形下，彼得斯和沃特曼的著作横空出世，号称：“美国式经营艺术尽在此书——效果显著!”极少有一条信息能如此快速地被大众接受。陷于自我怀疑中的美国企业管理者们十分喜爱这本《追求卓越》。这本书正合时宜，它说得很有道理，并且鼓舞人心，甚至颇具爱国情怀。它一车车地被卖出去，迅速占领畅销书榜首，并持续数月之久。“不离本行”“走动管理”“宽严并济”成为商业热词。彼得斯和沃特曼成为新一代商业专家，全球巡回演讲，为成千上万的经理们开办研习会。1982 年，随着他们的著作获得巨大成功，他们也在商业世界称王。

《追求卓越》外一篇

《追求卓越》的部分吸引力在于它不仅描述事实，还指点迷津。封面文字宣称："向美国经营得最好的企业学习，如何运用八项基本原则长盛不衰！"言下之意就是有样学样，成功也会属于你。这是一种科学性的宣言：如果这么做，就会有这样的结果。但不是每个人都得偿所愿。1984 年《商业周刊》进行了跟踪报道，标题为《卓越如今花落谁家？》。按他们估算，彼得斯和沃特曼两年前提到的卓越公司中至少有 14 家已经“光芒不再”。不少公司“收益显著下降，不是因为严重的商业问题，就是管理失误，或者两方面都有问题”。其他公司苦苦维持着自己“卓越公司”的地位，但实际上也“因失误而受挫”。哪里发生了差错？《商业周刊》批评有的公司改变了之前的制胜方案：“这些违反传统的企业因为偏离原先的制胜原则而发了狂。”它们没有坚守本行！其他公司则因不知变通而被指责：“在

14家败落的企业中，有12家无法适应市场变化。”更糟糕的是，《商业周刊》说：“一些卓越公司过于强调某些属性，忽视其他属性，从而导致失败。”为了帮助读者理解这些巨头是如何衰落的，它还刊登一张表格，清楚显示出每家企业打破了8项“卓越戒律”中的哪几条。

为了弄清这些卓越公司1980年后的经营状况，我采用了标准普尔的顶尖数据库，即Compustat数据库来计算总体股东回报率（也就是将红利再次投资后股价的百分比变化）。我计算了研究结束后5年内（1980—1984）和10年内（1980—1989）35家卓越公司的标准普尔500指数和总体股东回报率。（由于当时有的公司是私人所有，有的是大公司的分部，在1984年至1989年间没有公开交易，因而只有35家公司的数据。）它们的情况如何呢？并不太乐观。1980—1984年间，标准普尔500指数几乎翻倍，增长了99%，但只有12家卓越企业的增长速度超过整体市场速度，其余23家则难以跟上。有的公司业绩辉煌（比如沃尔玛，5年间增长率达到了惊人的800%），但是一些赫赫有名的企业如卡特彼勒、DEC公司、杜邦（Dupont）、强生、迪士尼的业绩甚至无法达到市场平均水平。把钱投资在市场指数上都比投资这些卓越公司要好。10年的数据结果同样是这样：市场平均增长率为403%，只有13家公司超过这一水平，其余 18 家远远不及。大部分的公司甚至达不到“平均值”，更别说是“卓越”了。尘世繁华，转瞬即逝。（完整研究结果详见附录，表 1A）

或许一个简单的解释就可以说明这次剧烈的业绩下跌。无论如何，股票市场表现都受到投资者预期的影响。假设一家公司的股票被竞价至较高水平，价格 / 收益比率达 40% 或 80% 甚至更多，正如从前的思科和 2006 年的谷歌。如果公司保持业绩良好，收益达到预期，它的股价将会保持在当前水平，不会继续上涨，因为收益已经反映在股价中。尽管公司本身没有任何差错，接下来几年它的股票表现却将低于市场水平。微软就是个绝佳的例子：2001 年至 2005 年，它的年收入和利润增长超过 50%，但股价却保持不变，而在 20 世纪 90 年代，它曾被竞价到极高水平。或许这就是问题所在：20 世纪 70 年代这些卓越公司的股价都被炒得太高了，随后几年股价的下滑更多是由于投资者先前的乐观，而非实际业绩的下跌。为了排除预期的影响，我以利润率作为衡量标准，即营业收入占总资产的百分比。同样采用 Compustat 的数据，我发现研究结束后的 5 年内，35 家卓越公司中有 30 家利润率下降，有的只是略微下滑，有的却大幅下跌，只有 5 家公司业绩提升。这些结果表明彼得斯和沃特曼挑选的卓越公司业绩下滑的原因不仅仅是没有达到市场预期，

而是在研究结束的数年内利润率的确有所降低。（研究结果详见附录，表 1B）

我们应该如何解读衰退的业绩？1984 年，彼得斯在采访中评论道："我们没有理由期待这些公司长盛不衰。"当然，没有人曾说这些公司会"辉煌永驻"。些许衰退是再自然不过的事情。但人们起码会认为这些卓越公司的成就能多维持几年啊！事实上，如果有人宣称发现了成功的要素，那么最好也能为失败做出解释。门要能从内外两侧打开——彼得斯和沃特曼不能装作八大原则能解释辉煌岁月，却无视萧条时期。

那到底是怎么回事？第一种解释是许多卓越公司从一开始就并不卓越。《商业周刊》在 1984 年刊登的一篇文章中就是这样表示的：或许彼得斯和沃特曼没选对公司。但这种解释不太站得住脚。除了 20 世纪 80 年代昙花一现的雅达利游戏公司（Atari），无论从什么标准衡量，其余卓越公司的成功都不容置疑。第二种解释则是这些公司改变了制胜方式，所以才招致失败。也许它们放弃了先前的成功之道，也许它们失去了竞争欲望，也许它们变得骄矜自满，再不然就是傲慢狂妄——从古至今人们都在这点上栽了跟头。成功中已然孕育了失败的种子，这种解释很符合我们对一个精彩故事的要求。当然，如果我们将杰出业绩归因于目标清晰、领导出色、核心明确的话，很自然就会推断业绩不佳的原因是错误或失误。认为业绩低迷是某些失误或管理不当，这种马后炮说起来当然容易。就像《哈克贝利·费恩历险记》中哈克和吉姆尝试弄清天空的奥秘，总说有些星星变坏了才从窝里被扔了出来。我们也常说这些公司犯了错才招致惩罚。这种说法让世界看起来公平公正。当然，某些公司可能的确符合这类描述，但不能以偏概全，因为人们会震惊地发现，有这么多的公司在显赫后迅速偏离了原先的轨道。2/3 的公司市场业绩表现下滑，35 家企业中有 30 家利润率下跌。这么多家因强有力的价值观、严明的纪律、浓厚的企业文化和高度的顾客专注而被选中的公司不太可能如此迅速地衰退。难道是自满情绪会传染？混乱成为流行状态？或许不是。（我们甚至可以猜测——尽管这想法令人不快——正因在《追求卓越》中榜上有名，这些公司才变得骄傲自满。这样一来，或许彼得斯和沃特曼才是罪魁祸首。）但更有可能的是，这些卓越公司的举措一如以往，但这些已不足以确保成功，因为它们的成功从一开始就不止源于这八大原则。也有可能这八大原则反映的是成功公司的属性，真正的成功秘诀另有其他。我们无从得知事实真相，因为彼得斯和沃特曼选择公司的标准就是成功与否，收集数据的方式是采访相关公司的经理，观点和证词早已受到光环效应影响。

假象四：专注胜者

彼得斯和沃特曼的研究方法中有两个基本错误。第一，数据很有可能被光环效应影响。通过询问经理们所在公司的成功原因，我们很可能得到老生常谈的结论。这类言论在商业读物中比比皆是。他们没有必要伪造分析过程，因为数据从一开始就值得怀疑。

与光环效应并存的第二个错误是，两人选取的样本全是杰出公司。样本选择只基于因变量，用科学的话来说就是以结果为基础。这是个典型的错误。假设我们想找出高血压的原因，只研究高血压患者的话永远也无法得出结果。只有将这些患者与正常人做比较才能找出原因。对公司的研究同样如此。要是只关注业绩良好的企业，我们永远无法了解它们与业绩平平的公司之间有何差别。我称其为“专注胜者”假象，因为如果我们比较的只是成功企业，虽然能随意找出一些成功因素，却无法得知真实情况。在理想状况下，我们当然可以开展实验，区别对待不同因素，并比较其结果。这是理想的方式，但在研究公司业绩时却不容易实现。我们无法挑选 100 家公司，要求其中 50 家按照一套原则进行管理，其余 50 家遵照另一套管理原则，再来比较结果。彼得斯和沃特曼由于现实制约所做出的样本选择可以理解，但如果只研究成功公司，就无法得知成功企业和普通企业的区别在哪里。我们所得到的不过是人们加于成功公司身上的各类光环。这倒是准确描述了《追求卓越》一书的本质。

但无论是不是假象，《追求卓越》都轰动一时，成为第一本现代商业畅销书。它的吸引力在哪里？因为它讲了个不错的故事，告诉人们成功的美国企业如何在严酷竞争中屹立不倒。它将管理者们的关注点集中到这几项上来：员工、顾客和行动。它给予人灵感，一切从此改变。在它撼动商业世界20年后，汤姆·彼得斯为自己最负盛名的作品声援：

> 我们的研究过程从根本上来说可靠吗？毋庸置疑！如果你要找些表现与众不同的聪明人，从中学习最有用、最先进的原则，那么就遵循《追求卓越》的做法：一开始运用常识，相信自己的直觉，征求“怪”人（与众不同者）的看法，之后再去担心如何求证。

寻找企业的“黄金国”

曾与彼得斯和沃特曼在麦肯锡共事的咨询顾问吉姆·柯林斯（Jim Collins）后来进入斯坦福商学院，与斯坦福教授杰里·波勒斯（Jerry Porras）合作展开有关公司业绩的一项新研究。他们关注的不是当下的成功企业，因为其中的许多可能很快就衰落下去了，而是那些经受住时间考验、长期保持辉煌业绩的公司。他们希望能找出“永恒的潜在基本原则和适用于各个时代的模式”。本书标题就说明了一切：《基业长青》[①]。

柯林斯和波勒斯首先从各行各业中确定了200家顶尖企业，再从中挑选出最持久也最成功的公司，也就是“优中之优”。他们发现只有18家公司符合这项标准，它们是真正出类拔萃、长盛不衰、高瞻远瞩的公司。这18家高瞻远瞩的公司都是美国商界赫赫有名的公司：IBM、惠普、摩托罗拉（Motorola）等高科技公司，花旗银行（Citicorp）、美国运通公司等金融服务业巨头，强生、默克（Merck）等医疗保健公司，还有波音、通用电气、宝洁、沃尔玛、迪士尼等。这些企业多么不同凡响！1926年在股市投资1美元，1990年能涨到415美元。而这期间在这18家公司的1美元却会增长至6 356美元——64年间的增长速度达到市场平均水平的15倍！

柯林斯和波勒斯清楚，《追求卓越》的关键错误在于只在成功企业当中寻找共同点，它只专注胜者。正如他们所强调的，如果研

① 《基业长青》一书中文版已由中信出版社出版。——编者注

究一群成功企业的共同点的话，得出的结论可能是它们都坐落在高楼大厦之中。这一结论十分正确，但却不是区分成功企业和平庸企业的因素，也没能解释成功的原因。因此两人采取了下一步：为每家高瞻远瞩的企业找一个同行公司作为对比。两家公司处于相同的发展时期，作为对比的公司业绩也不错，并非一塌糊涂。波音对比麦克唐纳－道格拉斯公司（McDonnell Douglas），花旗银行对比大通曼哈顿银行（Chase Manhattan），通用电气对比西屋（Westinghouse），惠普对比得州仪器（Texas Instruments），宝洁对比高露洁（Colgate-Palmolive），以此类推。这样一来，他们就可能找出最成功持久的公司与其他公司的不同。1926 年在 18 家对比公司投资的 1 美元，到 1990 年增长为 955 美元，其增长水平虽然不如高瞻远瞩的公司那样出色，但也是总体市场的两倍。

“持久成功的永恒法则”

下一步就是研究这 18 对公司。柯林斯和波勒斯意识到这项社会科学研究是个非比寻常的挑战。正如他们解释的那样：“我们不可能开展一项严格控制、可被复制的实验。我们无法保持其他变量不变，只测量单一变量发生变化导致的不同结果。我们当然愿意把企业当成实验室的培养皿，但却做不到。我们只有充分利用历史数据。”于是，在一个研究团队的支持下，柯林斯和波勒斯开始进行漫长而又艰苦的数据收集与分析。用他们的话来说就是“成筐的数据，数月的编码，漫长的寻得真理之旅”。他们首先设计出一套系统综合的数据收集框架。他们阅读了超过 100 本书，包括公司历史和个人自传；查阅了超过 3 000 份文件，从公司出版物到影像资料；还参照了哈佛和斯坦福进行的案例研究。他们开展了“广泛的文献研究”，包括《福布斯》、《财富》、《商业周刊》、《华尔街时报》、《国家商业》（*Nation's Business*）、《纽约时报》等信息来源。所有这些材料填满了“3 个齐肩高的储藏柜、4 个书架、20 兆字节的电脑存储空间”。它给人的印象十分明确：我们的研究非常深入透彻。

在研究接近尾声时，两人将他们的发现提炼成一系列“永恒法则”。它们是长盛不衰的关键，将 18 家高瞻远瞩的公司与对照公司区别开来。

- 以强大的核心理念指导公司决策和行动。
- 培养浓厚的企业文化。
- 设立激发和拓展员工潜力的所谓“宏伟、艰难和大胆的目标”（BHAGs）。
- 促进员工由内而外的进步。

- 培养试验和冒险精神。
- 力求卓越。

这个列表十分不错，符合人们的常识，具有极强吸引力。事实上，柯林斯两人也意识到，这与彼得斯和沃特曼提出的列表并无二致。许多主要因素基本一致，如员工、价值观、企业文化、行动、关注点。两项研究的样本选取、试验方法或许有所不同，但得出的结论却高度相似。

《基业长青》于1994年出版，轰动一时。《公司杂志》(*Inc.*)夸张地说："20世纪90年代版的《追求卓越》出现了。它就是《基业长青》。"管理者们热爱这本书，为什么不呢？它可读性强，通篇都是令人过目不忘的趣闻逸事。它声称提供了持续成功的关键。用它自己的话来说，《基业长青》提供了"建设长盛企业的宏伟蓝图"。柯林斯和波勒斯并不羞于承认这大胆的承诺："每个人都能成为创建非凡企业的关键人物。无论处于哪个层次，大部分管理者都能学习这些成功企业的经验，并将其运用到管理中去。"他们总结道："你也能学会，并灵活运用，以建立一家高瞻远瞩的公司。"《芝加哥论坛报》(*Chicago Tribune*)对此表示认同，称《基业长青》"无异于一场对企业长久成功原因的理解的革命"。它被《工业周刊》评为

1995 年度最佳商业书籍，并占据《商业周刊》畅销书榜单长达 18 个月之久。

尽管他们承诺这是一项详尽的研究，两人却没有解决一个基本问题：光环效应。他们收集的大部分数据来自商业出版物、书籍和公司文件，这些数据来源都很可能受光环影响。他们也采访了管理者，要求他们回顾自己的经历，并对企业成功的原因做出解释，这种研究方法同样受到光环侵扰。如果数据中含有光环，数据量再大也毫无意义。任意选出一组业绩辉煌的公司回顾历史，无论是依靠自我报告还是商业出版物的文章，形容它们的都是拥有浓郁的企业文化、坚实的价值观、追求卓越的决心。要是它们没被这些形容词修饰倒是值得关注。挑选一组业绩尚可但并非卓越的对比公司，形容它们的词很可能就不那么夸张笃定。但除非数据收集能摆脱公司业绩的影响，也就是说除非柯林斯和波勒斯能避免光环效应，否则我们无法正确解释公司业绩。是这些举措带来了杰出业绩，还是表现优秀的公司常被这些词语形容？后者的可能性似乎更大。

基业长青？言之过早！

柯林斯和波勒斯劝我们不要“不加质疑地盲目接受”研究成果，而要认真审视他们的分析。“让证据为自己说话。”他们这样恳求道。

那么让我们来检验这些证据。我们也许无法将公司放在培养皿中进行科学实验，但能够检验它们能否经受住了时间考验。如果《基业长青》中的准则的确历久弥新，同一批公司就应该在研究结束后依然表现优秀。相反地，如果它们无法保持优良业绩，那么就证明这些所谓的永恒法则不过是光环效应的产物，是优秀业绩带来的光芒，而非产生优秀业绩的原因。

那么自研究在 1990 年 12 月 31 日结束后，这 18 家高瞻远瞩的公司情况如何？所有 18 家公司到 2000 年至少还在经营，它们的基业至少又长青了 10 年，但其业绩状况却不那么理想了。我再次采用了 Compustat 的数据，计算研究结束 5 年后（1991—1995 年）各家企业的总体股东回报率。结果显示，在因 64 年业绩超过市场平均水平 15 倍而被评为高瞻远瞩的 17 家公司中，只有 8 家的业绩超过标准普尔 500 指数，其余 9 家甚至达不到市场平均水平。[还有 1 家公司——万豪国际集团（Marriott）为私人所有，并未纳入 Compustat 数据库。] 如果我们将期限再放宽 5 年，情况也并没有变得更好。在 1991 年到 2000 年的 10 年间，16 家高瞻远瞩的公司中只有 6 家的业绩与标准普尔 500 指数持平，其余 10 家落后于市场平均水平。在股市随意投资，都比将钱投在柯林斯和波勒斯所说的高瞻远瞩的公司要好。（调查结果详见附录，表 2A）

同样地，可能这种衰退只反映这些企业没能达到夸大的市场预期，不能说明经营业绩下跌。股价是衡量长期业绩表现的良好指标，但不适合用来衡量短期业绩。即使我们的衡量标准是企业利润率，即营业收入占总资产的百分比，这 17 家公司的情况也并不乐观。在研究结束后 5 年内，只有 5 家企业利润率上涨，11 家下跌，1 家不变。无论我们观察的是市场业绩还是企业利润，结果都一样：柯林斯和波勒斯根据长期表现出众挑选出的高瞻远瞩的公司，最终还是从云端跌回地面。“长盛企业的宏伟蓝图”被证明不过是一场幻梦。（调查结果详见附录，表 2B）

这些只是最初研究中提及的公司。1997 年版的《基业长青》写于人气巅峰时期，书中保证研究很快就会扩展到欧洲范围。柯林斯和波勒斯已经确定了“欧洲 18 家高瞻远瞩的公司，包括 ABB、宝马（BMW）、家乐福（Carrefour）、戴勒姆奔驰（DaimlerBenz）、德意志银行（Deutsche Bank）、爱立信（Ericsson）、菲亚特（Fiat）、葛兰素史克（Glaxo）、荷兰国际集团（ING）、欧莱雅（L'Oreal）、玛莎百货（Marks & Spencer）、雀巢（Nestlé）、诺基亚、飞利浦（Philips）、罗氏（Roche）、壳牌、西门子、联合利华（Unilever）”。这份名单可不简单。我们已经了解 ABB 的情况，但这个列表上的其他几家公司也遭遇了艰难岁月。戴勒姆奔驰在 1998 年收购克莱斯勒后经营不顺，2000年爱立信濒临破产，玛莎百货不再受英国消费者青睐。有的企业甚至还有严重的道德问题：罗氏在1999年被判非法定价，壳牌2004年被曝光夸大石油储备。这些企业的价值观和企业文化的确强悍。

杰出公司经历些许业绩衰退并没什么好大惊小怪的。随着公司扩张，要维持现有增长速度越来越难。（一些美国最成功的公司正面临这样的问题，如通用电气、微软和沃尔玛。）仅凭有些高瞻远瞩的公司业绩衰退并不能否定整个研究。但如此快速和广泛的溃退却暗示着柯林斯等人的说法之外另有隐情。他们声称的那些持久优秀业绩的驱动因素——浓厚的企业文化、追求卓越的决心等，都只是根据业绩表现得出的公司属性。至于对照公司，由于有的是私人所有，有的随后被收购，有的停止运营，因而情况并不明朗。在1991年至1995年可追踪的12家公司中，7家业绩超过市场平均水平，5家不及；10年后则是6家超过，3家不及。关于利润绩效，12家公司中有8家利润率有所增长，4家下跌（详见附录，表3A和3B）。相比那些高瞻远瞩的公司，这些对照公司的数据表现更好。这与柯林斯二人宣扬的背道而驰，但正符合我们对衰退的理解——业绩表现越好的公司退步越快。柯林斯和波勒斯发现的高瞻远瞩的公司与对照公司的差异，与其说是导致业绩表现不同的原因，倒不如说是根据不同业绩得出的公司属性。

假象五：缜密研究

《基业长青》通过引进对照公司，努力避免了“专注胜者”的假象，但依然未能摆脱我们屡次遇见的基本问题：光环效应。我们可以竭尽所能选出业绩优异和业绩不佳的公司作为样本，但如果数据本身已受光环影响，我们永远无法得知影响业绩表现的真正原因，只能了解人们是如何形容这些或优秀或平庸的企业的。当然，由于另一假象的作用，我们没有意识到这样的研究问题重重，这一假象就是“缜密研究”。

在《基业长青》的开头，柯林斯和波勒斯用整整 10 页篇幅描述他们的研究方法，讲述收集数据的方法是多么系统，收集来的材料是多么全面，解读这些数据时又是如何孜孜不倦。之后他们将 50 多页分为 3 个独立的附录，将他们的发现以一系列表格和概述的方式呈现出来。这本书从头到尾都不断提及他们收集的数据量之庞大——上百本书，几千篇文章，占据整个书架和电脑巨大储存空间的数据库。这一切都是为了表明《基业长青》的研究是经过精心设计之后审慎开展的。言下之意十分明显：他们的研究透彻详尽，说的话具有权威性。目的就是为了吓退读者，因为如果你没有做过等量的研究，就不敢质疑他们的发现。难怪《芝加哥论坛报》夸大它对企业业绩原因理解的革命性——整个研究都贴满了严谨科学的标签。包括《华尔街日报》和《哈佛商业评论》评论家与社会公众在内的大部分读者，都被缜密研究这一假象蒙蔽了。当然，如果数据质量不高，数据的数量将毫无意义。如果数据来源已被光环效应污染，无论你收集多少数据都无济于事。你可以将光环一路铺向天际，但所得到的还是光环。

假象六：长盛不衰

《基业长青》中还有一个假象在起作用。这让我们开始质疑整个研究的前提，那就是找出长盛不衰的关键。由于彼得斯和沃特曼选出的卓越公司中有 2/3 在数年后才趋于平庸，我们或许还能把它解释为意外或者巧合。毕竟这些企业都是美国商界的精华，当然不会这么快一败涂地。但当柯林斯和波勒斯挑选的高瞻远瞩的公司曾在 60 多年内保持业绩是市场平均水平的 15 倍，却在随后 5 年中超过一半的企业未达到标准普尔 500 指数的增长水平时，我们难免大吃一惊。两项研究都是这样？这看起来很像巧合，实际上却是常态。长盛不衰被证明是个假象。

如果我们挑选出多年来保持优秀的公司，回顾历史去解释它们成功的原因，要看出长盛不衰有何异于寻常并不容易。假设我们转变视角，夸大样本范围，观察各公司长期的业绩表现。麦肯锡的董事理查德·福斯特（Richard Foster）和咨询顾问莎拉·卡普兰（Sarah Kaplan）进行的就是这样一项研究。他们在某几个时间点撒网，再看看捕到了什么鱼。结果令人震惊。猜猜 1957 年标准普尔 500 指数榜上的公司，在 40 年后的 1997 年有多少家依然在榜？只有 74 家。其他 426 家都风光不再——要么是被其他公司挤到一边，要么是被收购，或者破产了。猜猜 74 家幸存公司中又有几家业绩高于标准普尔 500 指数的增长水平？只有 12 家。其余 62 家的确侥幸存活，却没能繁荣兴盛。福斯特和卡普兰写道："过去的几十年间，我们一直称赞这些幸存下来的大企业，为它们的'卓越'和持久高唱赞歌。"但是历史最悠久的公司不一定是表现最好的。我们发现持久成功和优秀业绩之间没有必然联系。

这怎么可能呢？特别是柯林斯和波勒斯已经告诉我们，那 18 家高瞻远瞩的公司表现远远优于标准普尔 500 指数水平。当然，要找几十年间业绩一直优秀的企业，我们能找出许多——之后我们再通过回顾收集数据，就能编织出足够多的光环，来讲述关于它们成功秘诀的精彩故事。但这种行为是事后选择，是专注胜者与光环效应的叠加效果。就像是哈克和吉姆仰望夜空，选出几颗星星连成他们想看的形状。只是这样一来，我们就无法真正了解商业世界。我们忽略了业绩的此消彼长。我们可以告诉自己，我们严格而客观地挑选出的公司与众不同，比其他公司更优秀。（挑选过程越是严格，我们越会说服自己相信这些公司的确表现得比其他公司更杰出。）但这是假象。我们在自欺欺人。如果我们客观地看待这些公司数年来的业绩表现，就会发现主导模式并不是长盛不衰，而是有起有落，有增有减。他们得出结论："麦肯锡有关美国企业创立、存活和覆灭的长期研究清楚地表明，'企业黄金国'，永远业绩优良的公司从未存在过。这是一种迷思。最优秀、最受尊敬的公司即使努力存活下来，也不能向其持股人保证自己能长期表现强劲。实际上，事实正好相反。从长远来看，市场才是永远的赢家。"

寻到连年成功的"企业黄金国"只是痴人说梦，但无数管理者却趋之若骛。毕竟，单纯展示公司业绩如何随着时间起伏，并不能编造出一个引人入胜的故事。我们想看的是卓越公司、高瞻远瞩的公司，想了解它们的成功秘诀好依葫芦画瓢。我们想要找到避免衰退和覆灭的方法。比起成功转瞬即逝、过去辉煌的公司在未来可能不及市场平均水平这一事实，还是那些故事更有吸引力。

这是不是说公司业绩是纯粹运气的产物？这是不是就像一个人连续扔 10 次硬币都得到正面，但不能保证第 11 次还是正面？并非如此。成功并非偶然，但它的确转瞬即逝。为什么？正如伟大的奥地利经济学家约瑟夫·熊彼特（Joseph Schumpeter）所描述的，资本主义世界中基础竞争力就是创新，无论是产品、服务还是运营方式的创新。与他同时代的经济学家大多认为，企业是通过降低同类商品与服务的价格进行竞争。而熊彼特在其 1942 年的著作《资本主义、社会主义与民主》（*Capitalism, Socialism and Democracy*）中，却强调创新为主的竞争方式。他写道：

> 保持资本主义引擎运作的根本动力来源于新顾客、新产品、新的生产或运输方式、新市场、企业创造的新行业组织方式。
>
> 只有在创造它和运用它的情境下，每条商业策略才能显示出其真正的重要性。必须要认识到它在持续的创新性破坏的暴风中的作用。它不能脱离这一情境来理解，也不能想当然地认为市场永远波澜不惊。

一些公司开拓创新，一些公司却遭遇失败，但从更广阔的进步与改善的图景来看，它们的失利也起到了重要作用。主导模式并非稳定或持久，而是熊彼特所说的“持续的创新性破坏的暴风”。公司在辉煌过后衰退完全是可以预料的正常现象。

一些研究者研究了公司业绩随时间变化的速率。哈佛商学院的潘卡基·格玛沃特（Pankaj Ghemawat）研究了 692 家美国公司从 1971 年到 1980 年 10 年间的投资回报率。他将业绩优秀的顶尖公司分为一组，这些公司的平均投资回报率为 39%；业绩不佳的公司分为另一组，而这些公司的平均投资回报率仅为 3%。之后，他追踪这两组公司的长期表现。它们的投资回报率会发生什么变化？两组之间的差距是不变、扩大还是缩小？ 9 年后，两组公司的表现都朝中间值靠拢，业绩优秀的企业平均投资回报率从 39% 下降到 21%，业绩不佳的企业从 3% 上升至 18%。

原本 36% 的差额缩小到 3%，仅为原先的 1/10。格玛沃特指出，长期存在 3% 的差距不等于没有差距，这没什么好嗤之以鼻的。但关键在于优秀业绩难以保持，原因很简单：在自由市场体系中，由于经济学家们所称的“模仿、竞争、征收的侵蚀性作用”，高利润总会下降。竞争对手复制优秀企业的制胜模式，新公司进入市场，咨询公司让最优举措流传开来，员工从一个公司跳槽到另一个公司。波士顿大学的安妮塔·麦加恩研究了 1981 年到 1997 年的上千家美国公司，从中发现了相似的模式。所有公司根据头三年的业绩表现被分成三类（以运营收入和总资产的比值为标准）：高（前 25%）、中（中间 50%）、低（最后 25%）。研究继续跟踪接下来 14 年这些公司的业绩表现。这些公司组内如何变动？高业绩公司组中有 78% 依然在这一组，18% 下跌到中等业绩公司组，5% 下滑到低业绩公司组。中等业绩公司组有 81% 仍留在该组，10% 上升至高业绩公司组，8% 下滑至低业绩公司组。至于低业绩公司组，78% 依然业绩较低，但 20% 上升至中等业绩组，2% 一路飙升至高业绩组。研究结果显示业绩表现不是随机变化的，而是基本维持在同一水平，此外也有朝中间靠拢的趋势，明显地趋近中间值。

这些研究和其他类似研究都指出了市场经济中竞争的本质。竞争优势很难维持。当然，如果你想的话，也可以回顾 70 年的商业历史，选出长期优秀的公司，但这样的挑选是基于结果而得出的。总的来说，如果我们观察大范围的公司，就会发现一时风头正劲的公司随后就业绩平平的强大趋势。换句老话来说，就是“没什么比成功衰退更快”。公司能按照蓝图实现长盛不衰的确是非常诱人的想法，但没有证据支持它。

7

堆积如山的假象

在我看来，我们这些管理界人士都对科学有种痴迷，因为我们极力降低这样一种感觉：世界并不受自然规律掌控，而是掌握在那些疯狂鲁莽的野蛮者手中，他们受贪婪、需求影响，被对权势与财富的欲望驱使。在这样一个世界里，自然科学的庄严肃穆令人安心。

——斯坦利·宾（Stanley Bing）

《商业量子论》（*Quantum Business*），《财富》杂志，2004

约瑟夫·熊彼特说，创新是每个行业市场竞争的基本驱动力，商业书籍市场同样如此。《追求卓越》和《基业长青》获得巨大成功，引发新的竞争者涉足开发寻找捷径的市场。按熊彼特的说法，这些新的进入者将会超越头两部商业巨作设定的标准，给出更好的解释，也会更透彻、更有权威性。事实的确如此。尽管它们声称自己的研究具备科学的精确严谨，这些研究却并未更深入地揭示公司业绩的驱动因素。如果要说有什么的话，它们只是重复了我们先前所见的假象，并创造了更多假象。

麦肯锡的合伙人布鲁斯·罗伯逊（Bruce Roberson）与达特茅斯大学塔克商学院的威廉·乔伊斯（William Joyce）和哈佛商学院的尼汀·诺里亚（Nitin Nohria）共同开展了一项名为“长青计划”（Evergreen Project）的研究。首先，他们再次提出了几个常见的基本商业问题：“商业充满了未解之谜，但没有比这更重要的：什么对企业真正有效？”公司崛起又衰落，潮流出现又消失，但“最重要的问题依然有待解答，甚至没有人好好提出这个问题：什么对企业真正有效?”。作者向我们保证，救星马上就到：“首部解释创造商业成功基本行为的作品即将面世，书中提到的行为真正攸关成败。”他们宣称，这本书是“世界上对成就商业赢家的行为最系统、规模最大的研究。本书没有关于个人直觉的趣闻逸事，而是经严谨的科学精神指导、以可衡量的事实来检验的大规模研究计划”。言辞颇为激烈！作者们更进一步说道，《追求卓越》的不足之处在于根据结果挑选样本，只关注卓越公司，而没有把其与稍逊一筹的公司进行对比。《基业长青》同样有缺陷，因为它一口气研究了各公司的长期表现，没有展现出一段时间的行动对之后的业绩有何影响。这些都不是纵向研究，不能显示短期的因果关系。而长青计划在这些方面做得更好。它选取 1986 年至 1996 年的 10 年，将这个时间段划分为两个 5 年。结果不是分为两类而是四类：在两个 5 年都表现优秀的企业称为成功者，第一个 5 年表现平平却在第二个 5 年突飞猛进的称为进步者，第一阶段成就斐然却在第二阶段快速衰落的称为退步者，两个阶段都表现不佳的称为失败者。这种做法的目的是展现第一阶段的行动对第二阶段业绩的影响，管理决策会呈现出怎样的因果影响。想法虽好，但要保证数据不受业绩左右——因为这正是他们所要解释的。

长青计划自称是所有关于公司业绩的规模最大、最成体系的研究。研究报告首页就有这样的描述，它是学者和咨询专家“非凡合作的成果”，14 位来自著名商学院的教授名列其中。言下之意十分明显：这是一项严肃、彻底、严谨的研究。此外，其研究方法据称“合适、可信、有效——简言之，有了这么多有识之士的共同努力，这项研究绝对可靠”。但令人惋惜的是，这项研究并没有超越前人。一开始，长青计划团队采访了经理们，要求他们回顾过去 10 年并讲述他们的经验。这种回顾性的采访往往充斥着光环，因为采访者会受业绩影响做出判断。长青计划同样收集了大量相关公司的资料，这些资料包括“报纸杂志文章、商学院研究案例、政府文件、分析报告”。他们为 160 家企业中的每一家都收集了 3 英尺（约 0.91 米）厚的资料，累计 6 万份文件，这些资料能装满 50 个储藏箱。数据量之大的确是浩如烟海，但数据来源是我们一再看到的、易受光环效应污染的来源。接下来，15 位杨百翰大学研究生花费数月时间对数据进行标号和分类。这实在糟糕透顶，因为无论多少学生花费多少时间整理这些数据，所得到的只有堆积如山的光环。作者声称研究结果是“有史以来规模最大的”。或许的确如此，但却不是最好的。

他们以总体股东回报率作为公司业绩的衡量标准，在分析数据以后，研究团队提出与这一衡量标准高度相关的 8 大举措。业绩良好的公司，也就是成功者，在以下 4 项主要举措上都表现突出：战略、执行、企业文化、组织结构。它们还在另外 4 项附加举措上表现优秀：人才、领导力、创新、兼并与合作。这几项组成了“4+2 法则”。作者说，你可以将其互相匹配，只要 4 项主要举措再加任意 2 项附加举措就能起作用。乔伊斯、诺里亚和罗伯逊写道：“ 4+2 法则和商业成功之间的联系令人震惊。”他们说得没错，这些数据的确惊人。让我们来看一看：

表7.1　长青计划：成功者与失败者在4项主要举措上的表现

		高度正面	高度负面
战略必须清楚专注	成功者	82%	7%
	失败者	9%	77%
执行必须完美无缺	成功者	81%	4%
	失败者	14%	56%
企业文化要以业绩为导向	成功者	78%	3%
	失败者	17%	47%
组织结构要做到快速灵活，实现扁平化管理	成功者	78%	3%
	失败者	14%	50%

数据来源：《4+2：什么对企业真正有效》（*What Really Works*），第19页。

第一项举措是战略，成功者中有 82% 被评为“高度正面”，只有 7% 是“高度负面”。与之形成鲜明对比的是，失败者中只有 9%

的评价是“高度正面”，77% 为“高度负面”。（这张表中没有记录进步者和退步者的数据。）在执行方面，成功者中有 81% 是“高度正面”，只有 4% 为“高度负面”；失败者中有 14% 是“高度正面”，56% 是“高度负面”。企业文化和组织结构方面的结果也同样差异明显。如果一家企业在 4 项举措上都被评为“高度正面”呢？长青计划研究团队这样总结道：“紧跟 4+2 法则的公司将有 90% 的概率成为成功者。”

由于数据可信度有待考证，对结果的解读也有待商榷。以衡量企业文化为例，长青计划想要衡量一个公司的工作环境是否“既有挑战性，让人满意又充满乐趣”，“激励所有人尽其所能”。结果发现业绩好的公司在两方面都得到较高分数。因此，他们认为业绩好的公司具备挑战性强的工作环境，能激励员工做到最好，这也不足为奇。人们也是这样评价巅峰时期的思科、如日中天的 ABB 和处在光辉岁月时的 IBM 的。再以执行能力为例。长青计划想衡量一个公司是否“持续提供满足顾客预期的产品和服务”以及是否“持续努力提高生产率，消除各种形式的铺张浪费”。同样，如果他们说成功的企业生产高质量商品，致力于提高生产率并消除浪费现象，这也没必要感到意外。至少在企业业绩良好时他们肯定会这么说！但考虑到数据收集方式，我们不能确定 4+2 法则是否会带来业绩提升。

事实上，另一种解释可能性更高。他们说业绩优异的公司战略清楚专注，有以业绩为导向的企业文化，执行得力，组织结构快速且扁平化。综合这些因素，成功者就有超过 90% 的可能在 4 项标准上被评为高度正面。所有这些都与那句宣言“你只要做了这些事，就会取得成功”毫无关联。

表 7.1 中的数据引发了更深层次的思考，让我们再仔细看看这些数字。成功者中 7% 没有“清楚专注的策略”,但只有 3% 没有“以业绩为导向的企业文化”和“快速且扁平化的组织管理”。如何解释这 7% 和 3% 之间的区别？直觉告诉我这与“企业文化”“组织结构”无法定性的本质有关。我们对企业“是否拥有清晰专注的策略”的印象在很大程度上受到公司业绩的影响，但我们对企业文化和组织结构的看法几乎完全取决于对该公司业绩的了解。在日常对话中，我们无法在不知道公司业绩的情况下衡量一个企业是否拥有“以业绩为导向的企业文化”，是否进行“快速、灵活、扁平化的组织管理”。我们描述、神化和狂热夸赞公司业绩的各种方式，通常都是根据对公司业绩的印象产生的。

假象七：绝对业绩

《4+2：什么对企业真正有效》一书除了展示许多表格，还生动地描述了两家企业的情况，一个是成功者，一个是失败者。作为成功者的达乐公司（Dollar General）和我们之前读到的许多成功企业十分相像：它有着清晰专注的策略，关心顾客，有浓厚的企业文化，还有有效的组织管理和杰出的领导人物。作为失败者的凯马特（Kmart）则似乎一无是处：战略总是朝令夕改，企业文化错误，执行不力，组织结构混乱无序。凯马特真是个不错的替罪羊——它在4项举措上都出了差错！想想这家公司该是多么无能！

这种想法哪里有错吗？有的，体现在两方面。第一个错误是我们在第5章中讨论过的单一解释假象。这4项举措很可能并非完全独立，而是互相联系。想想2000年的ABB。对它业绩急转直下的一种解释就是战略转型出了问题，因而导致领导者换任。新的管理者马上重组公司结构，严重打击士气，以致公司业绩每况愈下。我们也能给凯马特编造出类似的情节发展。假设某段时间由于仓储管理不力或者供应链效率出现问题，凯马特执行力疲软。随着业绩下跌，员工士气也开始萎靡，企业文化逐渐恶化。为了重整旗鼓，凯马特高层管理人员决定转变战略，相应地要求在组织设计方面发生改变。在这样的情节发展中，4项举措之间并不相互独立，而是环环相扣。我们还可以想象出别的可能：例如组织结构重组不顺，导致管理效率低下，业绩下滑、士气受挫，于是管理者又开始寻找新的战略，就这样周而复始。这种错误就在于认为不同因素之间彼此独立，而不是紧紧相连的。

第二个错误更加重要。凯马特的例子展示出先前许多研究中都包含的一种假象，这种假象非常基础，却常常被人忽视。事实上，2005 年《哈佛商业评论》的一篇比较几项研究的文章就完全忽略了这一点。我将它称作“绝对业绩假象”。在人们的描述中，企业成败完全是它们自己一手造成的，好像业绩是绝对的一样。但是在竞争激烈的市场经济中，公司业绩往往受到其他公司的影响。出现这种想法的部分原因在于我们常常以科学实验的思维来看待问题。将一烧杯水放在炉子上，水会在 100℃沸腾，在高海拔地区沸点稍低。把 100 烧杯水放在 100 个炉子上，水依然在 100℃沸腾。一个烧杯不会受到其他烧杯的影响。但商业世界的情况却不一样。

为了证明公司业绩本质上是相对的，我将展示一家美国主要零售商的数据，这家赫赫有名的企业在全美有上百家店铺。我将尽力给出客观可证的数据，不受光环效应影响。为了隐瞒这家公司的名字，我给它取了个假名“格马特”（Qual- Mart）。根据投资银行亚历克斯 · 布朗父子公司（Alex. Brown & Sons）的报告，在 20 世纪 90 年代初期，“格马特”采取了以下举措：

- 在店铺安装销售终端系统，从而更好地了解销售信息，改进仓储计划流程。
- 将集中采购的比例扩大至75%，以降低采购成本。
- 将仓储管理现代化，从而大大改进库存。结果是：季节性仓储的管理有所改善，促使圣诞节和万圣节销售额增长60%。
- 增加存货盘点频率，不再是年终一次，以提升精确度和效率。
- 降低公司开销在销售中所占比例。
- 提高商品配置以适应流行趋势，帮助提升销售额。
- 开通免费服务热线，大大提升顾客满意度。
- 采用一套复杂的客户/服务器技术，提高货物管理质量，因而节省2.4亿美元。

由于实行了以上措施，“格马特”的库存周转（一年内库存货物周转次数，是衡量零售效率的关键指标之一）大大改善——从1994年的3.45次到2002年的4.56次，实现了32%的飞跃，着实不坏。

表7.2 “格马特”1994—2002年年库存周转次数

年份	1994	1995	1996	1997	1998	1999	2000	2001	2002
“格马特”	3.45	3.75	3.66	3.85	3.98	4.01	4.22	4.75	4.76

数据来源：Thomson One Banker数据库。

你会认为“格马特”的业绩大有提升吗？你当然会——客观地说，它在许多重要方面都有显著改善。那么，当你得知我们谈论的这家公司实际上就是凯马特时，你一定会大吃一惊。是的，就是凯马特，长青计划中着重强调的失败者，管理不善的典范，据说其成员是一群一无是处的人。一家公司为何在改进众多方面后依然惨遭覆灭？因为竞争对手改进的速度更快。同样在这 8 年间，沃尔玛的库存周转次数从 5.14 上升至 8.08，提高了 63%。沃尔玛的库存周转次数一开始就比凯马特 8 年后的周转次数要多。尽管从绝对意义上说，凯马特有所进步，但同时也被落得更远，两家零售商之间的差距越来越大。

表7.3 沃尔玛与凯马特1994—2002年年库存周转次数

	1994	1995	1996	1997	1998	1999	2000	2001	2002
凯马特	3.45	3.75	3.66	3.85	3.98	4.01	4.22	4.75	4.76
沃尔玛	5.14	4.88	5.16	5.67	6.37	6.91	7.29	7.79	8.08

数据来源：Thomson One Banker数据库。

至于公司业绩的其他衡量标准，亚历克斯·布朗父子公司强调凯马特在“降低开支比率、库存位置和视觉展示等关键领域”有所改善，但它的竞争对手也在进步，而且表现更为出色。它接着写道：“据我们估计，沃尔玛和塔吉特（Target）两家公司在开支比率方面占有显著优势，这让它们在定价上更有话语权，同时享受着比凯马特更高的财政收益。”不仅如此，20世纪90年代初，当凯马特把集中采购率提高至75%时，沃尔玛已经达到80%；凯马特从1990年开始安装扫描终端销售系统，而沃尔玛两年前已经做到。无怪乎凯马特如今举步维艰。它的对手在以更快的速度降低成本、改善物流。2002年，凯马特的库存周转次数达到史上最高，却只能无奈地举起白旗宣告破产。人们容易推断一家破产的公司一定执行不力，但证据并不支持这种观点，至少在谈论绝对意义上的执行时并不支持。

在其他公司身上也能看出绝对业绩与相对业绩的不同。通用汽车就是又一家销量下滑、股价下跌的企业。2005年，该公司债券已经沦为垃圾债券，金融市场几乎无人给它投信任票。然而相比于它20世纪80年代生产的汽车，如今它的汽车在很多方面都做得更好，包括质量、附加功能、舒适程度和安全性。在多重因素共同作用下，它的美国市场占有率一路下滑，从1990年的35%到1999年

29%，2005 年更是只有 25%。与此同时，日韩汽车制造商的市场占比持续上升。我们应从相对的角度来看待通用汽车业绩的下滑。事实上，正是由于亚洲汽车制造商带来的残酷竞争，激励着通用汽车不断改善。通用汽车在经过一代以后是否成长为更好的汽车制造商？从绝对的衡量标准来说是的，但你能和员工及股东这么说吗？

绝对业绩假象的重要性在于，它忽略了竞争对手的举措，暗示企业只要遵循简单的准则就能取得优良业绩。如果不对这种想法加以遏制，很多经理人的关注点将被误导。这种假象不仅存在于长青计划中，还体现在《基业长青》里。柯林斯和波勒斯宣称只要按照步骤一步步进行，就能得到长盛不衰的蓝图，丝毫没有提及竞争对手，也没有分析行业竞争动态。然而，一旦我们认识到公司业绩是相对的，自然就会明白企业不可能靠遵循特定的步骤就获得成功；它们的成功受到对手行动的影响。竞争对手的数量越多，越容易有新竞争者进入市场，技术革新的速度也越快，保持成功就越难。这一事实让人不安，因为它承认业绩表现的某些因素超出人力控制。对业绩的相对性轻描淡写，或是彻底将其忽略，这样的做法更有吸引力。无论对手有何举动，公司都能取得成功，这类故事更加诱人。

长青计划将 10 年期间分成两个 5 年这一想法的确不错，但依赖回顾性采访和商业出版读物采集数据使得它功亏一篑。即便这些研究存在缺陷，还是未能阻止作者宣称他们在企业成功的理解上取得突破性进展。事实上，他们声称《4+2：什么对企业真正有效》比《追求卓越》《基业长青》都更科学严谨，更能呈现因果联系。在展示研究成果时，作者宣称："我们可以说，改进特定举措的确能保证企业取得更出众的业绩。"但书中并没有展现任何这类成功秘籍。这本书正确的标题不该是"什么对企业真正有效"，这句话不应该用现在时。更准确的说法应该是"什么对企业曾经有效"，甚至是"企业业绩好时人们怎么说"。

《从优秀到卓越》[①]的巨大假象

就在长青计划正在热烈开展时，《基业长青》的作者吉姆·柯林斯又开展了一项有关公司业绩的研究。《基业长青》研究的是大部分时间都成就斐然的公司（至少在研究结束前是如此），而大多数公司都只是得过且过，业绩还算优秀，但从未取得辉煌成功。我们又该对这些公司说些什么呢？柯林斯的新项目就是直接针对这个

---

① 《从优秀到卓越》中文版已由中信出版社出版。——编者注

问题的。他想，平庸公司应该如何转变为业绩杰出的企业呢？为什么有的公司能从优秀飞跃到卓越，有的却不能呢？

柯林斯和他的团队选取的样本数极大，包括1965年至1995年间财富500强名单上的所有公司，总共1 435家。为了找出那些从平庸到杰出的公司，他们进行了一次“金融分析的死亡之旅”。目的是找出符合特定模式的公司：前15年股票收益在市场平均水平，“经过一段转折过渡期”，后15年股票收益远远高于平均水平。这种模式就是常见的“曲棍球棒现象”，先是扁平的杆头，之后是朝上的杆身。这一现象在商界众所周知，就像 “现在情况不太好，但别担心，将来我们会功成名就”。在商界，每个人都想实现曲棍球棒型增长，无论是为了老板还是为了投资者。每个人都想掌握快速和持久成功的奥秘。柯林斯算是抓住了众人关注的热点。

在他们审视过的所有企业中，只有11家符合这一严格的要求，比例低于1%。名单如下：雅培（Abbot）、美国电路城公司（Circuit City）、房利美（Fannie Mae）、吉列（Gillette）、金佰利（Kimberly-Clark）、克罗格（Kroger）、纽柯（Nucor）、菲利普·莫里斯公司（Philip Morris）、必能宝（Pitney Bowes）、沃尔格林（Walgreen’s）、美国富国银行（Wells Fargo）。有的公司为大众所熟知，有的却默默无闻。它们不是当时光芒闪耀的公司，而是选自与日常生活息息相关的行业，如零售、钢铁、消费品、金融服务等。这些公司的总部也不在硅谷、普林斯顿或是纽约这些地方，而在俄亥俄州的代顿、威斯康星州的尼纳这类普通美国城市。它们并非那些从一开始就辉煌的企业，而是耽于平庸多年，柯林斯写道："最初我们被这份名单震惊，谁能料到房利美竟然能击败通用电气和可口可乐，也不会想到沃尔格林能战胜英特尔。这份出人意料的名单上列出的公司看似平平无奇，却给我们上了重要的一课，即使是在最不可能的情况下，优秀公司也有可能转变为卓越公司。"这 11 家企业的确有着惊人的业绩表现。1965 年向其中任意一家公司投资 1 美元，将所得红利再投进这只股票中，到 2000 年将增长到 471 美元，而市场总体平均水平只有 56 美元。接下来，像他在《基业长青》中所做的那样，柯林斯为每家卓越公司挑选了处在同一行业和同一阶段的优秀公司做对比。吉列对照华纳 - 兰伯特（Warner-Lambert），金佰利对照斯科特纸业公司（Scott Paper），美国富国银行对照美国银行（Bank of America）等。这些对比公司堪称优秀但并非卓越——1965 年给它们投资 1 美元最终能增长至 93 美元，约是市场整体水平的 2 倍，但远远不及卓越公司。在研究结束后数年内，11 家从优秀到卓越的公司或多或少退步了，但这并非批评柯林斯的理由。他的目标不是预测 15 年快速增长后会发生什么，而是解释为什么这些公司会有如此辉煌的15年，为什么这些企业成为卓越公司，其他的就不行。如果他能解释这种转变，研究结束后的公司情况也就不重要了。

为了解释由优秀到卓越的转变，柯林斯和他的研究团队辛勤研究了近5年，投入超过15 000个小时。他们研究的资料范围极广，“从并购到管理层报酬，从商业战略到企业文化，从裁员到领导风格，从财务比率到管理层变动”。他们博览群书，查阅超过6 000篇文章，进行了几十次采访。所得数据浩如烟海，总共占据了3.84亿字节的存储空间。我们已经对这种描述习以为常，也并不为其所动，因为重要的是数据质量，而非数量。

谈到数据质量，有的数据似乎免受光环效应的影响。像高层管理人员变动率、机构主要股东，或是董事会所有权，这些数据都公之于众，因而不被记者、企业发言人或是经理们的回忆左右。但是大部分的数据都问题重重，很多数据来源于报纸杂志，这些来源充斥着光环。柯林斯等人没有花费精力保证数据免受光环影响——事实上，他们甚至没有意识到这些数据来源可能存在缺陷。在采访经理们时，有几个问题是这样问的：

你认为在转型前10年到转型后10年这段时间里，促使公司业绩增长的五大因素是什么？

在转型期间，公司决策和制定战略的过程是怎样的？

我指的不是决策本身，而是制定的过程如何。

公司是如何致力于贯彻这一决策的？

这类采访问题要求经理人回顾历史、解释过去发生的事情，很少能产生可靠的数据，因为回顾性的自我报告常常受公司业绩左右。

在整理和分析数据上，柯林斯描述了研究人员间的一系列讨论和争辩，他们经历了一个“循环往复的过程，提出观点并用数据进行检验，修改原观点，建立框架，观察它能否经受住证据的考验，之后重建框架”。为什么柯林斯采取了看起来没有《基业长青》中那么正式的研究方法？他解释道：“人总有一两项长处，我觉得我的长处就在于从一堆无序的信息中观察模式，在无序中找出秩序，将混乱梳理成观点。”根据柯林斯和他的团队发现的模式，业绩平平的15年被称为建设期，其特征是坚定又谦逊的领导（也就是所谓的“第5级经理人”），选拔合适的董事会成员（“先人后事”），要勇敢面对现实（“直面残酷的现实”）。之后，无须大张旗鼓，甚至在无人察觉的情况下，突如其来的转变就让公司进入了突破期，曾经优秀的公司如今突飞猛进，一路高升，形成实现卓越的良性循环。突破涉及专注（“刺猬理论”）和执行（“训练有素的文化”），最后用技术来巩固进步（“技术加速器”）。转型就此完成，优秀如今已经变成了卓越。

鉴于先前研究中曾出现光环，我们不禁对柯林斯的研究也提出质疑。只要有了“谦逊的领导者”和“卓越员工”就能成功吗？还是人们更可能用领导卓越、员工优秀、坚韧不拔、勇气卓绝这些词来描述成功公司？考虑到数据收集方式和根据业绩做出评价的趋势，后者似乎更有可能。柯林斯宣称自己解释了为什么有些公司实现飞跃而有的没有，但实际上他并没有做到。《从优秀到卓越》记录了两类公司的截然不同的相关情况，但这算不上解释。在这本书开头，柯林斯敦促读者要诚实，要“直面残酷的现实”。这里就有我们所要考虑的“残酷现实”：如果公司的选择是依据其业绩，通过回顾性采访和商业出版物的文章来收集数据，那么你不太可能找到公司卓越的原因。你捕捉到的只是光环。

但似乎无人细究这些缺点，因为《从优秀到卓越》给出了如此振奋人心的信息：你也可以将优秀公司转变为卓越企业。柯林斯在这点上十分直白，他写道：“卓越无关环境。事实证明卓越很大程度上取决于有意识的选择。”这是个引人入胜的故事。人们想要相信自己的努力一定会有回报，成功会降临在等待的人身上，而这正是柯林斯宣称的：只要有远见、够谦逊、关心员工、坚持不懈、专注目标，你也能成就卓越。没有比《从优秀到卓越》更好的励志故事了。

假象八：本末倒置

由于《从优秀到卓越》采用的是有漏洞的数据，我们不得不严肃地质疑这些发现的可靠性。即使不考虑这些漏洞，全盘接受数据，我们还有另一个更深层次的问题，那就是对研究结果的解读。《从优秀到卓越》的一个中心意象就是"刺猬理论"，该理论出自以赛亚·柏林（Isaiah Berlin）的著名散文《刺猬与狐狸》。柏林写道，大部分人都可以归为这两类，要么是刺猬，要么是狐狸。狐狸懂的很多，精明狡猾，追求很多不同目标。刺猬心中只有一件大事，看起来迟缓却有条不紊，只认定一件事。柯林斯写道，这种差异与取得优秀业绩有着千丝万缕的联系，因为这 11 家卓越公司都是刺猬。它们目标单一，纪律严明。相反，狐狸型公司分散了它们的关注点和精力，总是改变方向，却永远无法实现卓越。当然，很有可能这种分类已经受到光环效应的影响，在回顾过去时，人们常说成功企业总是更专注、更坚持。但假设柯林斯说的是对的，11 家卓越公司的确比对照公司更专注于明确的核心。然后呢？这是否说明刺猬型公司业绩表现更好？不一定，这个故事说起来更为复杂。

要说明原因，先来看一个不同的例子。假设 1 000 人在赌马，在这天结束时我们选出 10 位获利最多的赢家，这群人我们暂且称为“卓越赌徒”。当研究收获最大的赌徒时，我们会发现他们下注时冒的风险都很大，这正是他们领先于其他 990 人的原因。他们是刺猬，专注于某几件大事，前 10 名很少有狐狸，因为狐狸倾向于分散下注。但即使前 10 名都是刺猬，也不能说明刺猬平均表现超过狐狸，因为或许有的刺猬大发横财，但大部分刺猬血本无归。事实上，总体来说狐狸要比刺猬表现更好，因为他们谨慎冒险，避免巨大损失。现在回到公司上来。因为柯林斯挑选了 11 家卓越公司与 11 家优秀公司做比较，我们无从得知狐狸型还是刺猬型公司业绩更好，也无从得知 1 435 家公司里有多少是刺猬，多少是狐狸，因为我们不能断定哪种公司业绩更好。即使实现连年增长的都是刺猬型公司，也不能表明成为刺猬型公司就能增加成功的概率，因为很多刺猬的下场可能是横尸街头。

为了比较，让我们看看加利福尼亚大学菲利普·泰洛克开展的一项关于专家的政治判断的研究。他同样采用了以赛亚·柏林的分类，将具有清晰坚定的世界观的刺猬型专家和观点更灵活的狐狸型专家做比较。哪一组专家的预测准确率更高呢？狐狸型专家。他们会考虑不同方面的信息，根据环境的变化改变自己的观念，因而比刺猬型专家预测更为准确。泰洛克还发现少数刺猬型专家的预测准确率极高，但大部分还是不甚准确，因而总体预测准确率较低。（顺便一提，泰洛克研究分析预测准确率时，不是通过回顾过去15年这些专家的预测是否准确，而是花费从1988年到2003年的15年时间来验证预测的准确性。）

我认为泰洛克关于个人预测的研究结果同样适用于公司：平均来说，灵活多变、伺机而动的公司表现优于那些墨守成规的公司。的确，少数刺猬型公司可能会极其成功，但大多数刺猬型公司会遭遇失败。哪一组表现更佳还未得到实证，在得出可靠结论前我们只能推测。但是目前为止，如果我们仅因为少数优秀公司是刺猬型公司，就认为公司应该全盘照搬，只追求一个大目标的话，这种观念是站不住脚的。

可能有人会反驳，在追求卓越的过程中，像刺猬那样专注或许有风险，但却免不了赌这么一把。毕竟我们已经知道公司业绩是相对的，而非绝对的。采用刺猬的方法或许也有道理，因为尽管平均结果不太如意，但潜在的成功回报要大得多。这个观点有道理，也可能是正确的。如果柯林斯的观点是这样，那没问题。但是柯林斯说的并不是公司应该不计固有风险，像刺猬一样专注；也不是由于潜在回报率高，公司也应该冒相对高的风险。完全不是这样。《从优秀到卓越》从头到尾说的是只要专心致志、坚韧不拔，任何公司都能成功。成功与环境无关，公司一定能从建设期进入突破期。这本书从头到尾都没有提到要谨慎地冒险，提到这种行为可能会带来辉煌，但更有可能会使公司一败涂地。柯林斯鼓励经理们成为刺猬型的人，他指出了其中的利益，却忽视了潜在的风险。这十分危险，因为你不可能无须冒险就获得利益。

这种错误还不算触目惊心，因为柯林斯从一开始就没有理解刺猬和狐狸的故事。他说对人类有重大影响的人，包括达尔文、马克思和爱因斯坦，都是刺猬型的人，他们只有一条简单的信念，并不懈地执着追求。可是以赛亚·柏林并没有做出类似的声明，他只是观察到这是两种不同的看待人生经历的方式。两种类别里都有伟人。按照柏林的说法，柏拉图是刺猬，亚里士多德是狐狸；但丁是刺猬，莎士比亚是狐狸；陀思妥耶夫斯基和尼采是刺猬，歌德和乔伊斯是狐狸。柯林斯对达尔文的归类令人怀疑，毕竟达尔文从小就是传统的基督教徒，经数十年细致观察和反思，才提出自然选择这种革命性的理论。挑战传统教条并不是刺猬通常会做的事。我们无法确定马克思是不是刺猬，因为他最喜爱的警句“必须质疑一切”（De omnibus disputandum）带有明显的狐狸色彩。许多马克思主义者可能是刺猬，但这是另一回事了。

假象九：组织物理学

强调确定性、清楚的因果关系而不是偶然性和不确定性，展现了一条最根本的错误观念。它遍布那些提供成功步骤的商业畅销书，在《从优秀到卓越》中尤为明显。柯林斯在开篇就说明了他的抱负：发现“适用于任何机构的、永恒的、普适的答案”。他写道：

> 工程学的实践在持续演变，物理学的定律却相对保持不变。我认为我们的工作也是对永恒定律的一种探索——卓越企业具有的永恒物理学，无论周围的世界怎样变化，它始终正确、永远相关。没错，具体应用可能会发生变化（如工程学），但有组织的人类行为的定律（如物理学）却永恒不变。

此处提及物理学并非偶然。在所有学科中，物理学是人类纯粹智慧中最高贵、最崇高的壮举，最能用简单精确的数学公式来解释宇宙运行。就像从前是物理学家，如今是金融专家的伊曼纽尔·德曼（Emanuel Derman）解释的那样：“理论物理学家习惯用数学来表达宇宙定律，并阐释其结果。宇宙的确像瑞士钟表一样精确，我们可以预测行星的轨道，将原子射出光子的频率精确到小数点后

8 ~ 10 位。”物理学享誉如此，以至于据说生物学家和化学家都“嫉妒物理学”。将商业研究与物理学研究相提并论，的确很讨作者和读者的喜欢。

如果商业世界的确像钟表那样准确运行，或许《从优秀到卓越》的承诺也有合理之处。我们能预测行星的运行，为什么不能预测公司的业绩呢？要是的确存在放之四海而皆准的管理法则呢？无论公司规模大小，重力法则统统适用。无论是守成还是挑战，主宰它们运动的是同样的规律。无论是快速增长还是稳定发展，公司都由相同的原子组成。这一图景十分诱人。按本章开头《财富》专栏作家斯坦利·宾的话来说，自然科学的庄严肃穆令人安心。我们愿意相信某些普遍的力量掌控着商业世界，使其成为一个公正、可预测的领域。正如我们在第 1 章所看到的，商业世界中最重要的问题无法以物理学的可预测性和可复制性来解释。因此波勒斯和柯林斯自己也承认，我们无法把公司放在培养皿中做精确的实验，就算是商界最优秀的研究采取严格的调查方法、确保避开光环、控制变量以保证不会混淆关联性和因果性，它们也无法达到物理学的精确和可复制性，那么关于公司业绩，所有号称独立的、永恒不变的法则都站不住脚。

8

故事还是科学？

人类本身就是历史的产物，而又喜爱故事。人类之所以被潮流趋势深深吸引，部分是因为趋势的故事跟时间有方向性的关联，部分也因为他们能使事件的后果染上道德的色彩。让人们为毁损的东西低回哀叹，或为希望的讯号高兴欢呼。想要确定趋势的强烈欲望，常让我们看到一些子虚乌有的直接关联，或者做出不合理的推论。

——史蒂芬·杰·古尔德

《生命的壮阔：从柏拉图到达尔文》，1996

以《追求卓越》为起点，画一条线到《基业长青》，再将《4+2：什么对企业真正有效》连起来，最后一直画到《从优秀到卓越》。将这些点连接起来后，我们能看出什么模式呢？

与前人研究相比，每项研究都进行了一系列更大胆的声明——它们收集更多数据，咨询更多专家，研究得更详尽，分析得更透彻。每项研究都宣称自己大胆涉足前人未涉及的领域，做了前人未做过的事，研究结果更能揭示真理。到最后两本书时，它们已经夸下海口，能确保成功、提供物理学那样的永恒法则。始作俑者彼得斯和沃特曼出版的《追求卓越》倒是相形见绌了，倒退回一个没那么浮夸的时代。然而不管它们如何号称科学严谨，没有一项研究能解决谜题的核心。没有人意识到让研究结果不可信的根本问题，那就是依靠大众传媒文章、商学院案例分析和回顾性采访，如此一来数据定会受到光环效应影响。

尽管它们之间有众多相似之处，这些书籍在市场上的反响却大有不同。《追求卓越》和《基业长青》大获成功，《4+2：什么对企业真正有效》的成功却不那么显赫。造成这种差异的原因是什么？我想区别不是分析严谨与否，因为即使是在地方高中的科学展览上，这些研究也不可能得奖。区别就在于《追求卓越》和《基业长青》讲述了更精彩的故事，它们的意象更加吸引人。彼得斯和沃特曼用词令人过目难忘，比如“注重行动”“不离本行”“走动管理”“宽严并济”。《基业长青》谈的都是“宏伟、艰难和大胆的目标”“造钟”“兼容并蓄”“宗教般的文化”。这些词语令人印象深刻，激发读者好奇心并引发广泛讨论。相比之下，《4+2：什么对企业真正有效》的用词相对常见，比如“战略”“执行”“企业文化”“组织结构”等，没有任何独特诱人之处，没有让人眼前一亮的比喻或是引人入胜的意象。事实是，无论他们作为研究者有多少缺点，彼得斯、沃特曼、柯林斯、波勒斯共同的强项就在于：他们都会讲故事。这正是我们所看到的：故事帮助经理理解世界，指导他们的行动，让他们对未来抱有信心。

《从优秀到卓越》是所有书中最擅长讲故事的。2001 年年末，柯林斯的书在大张旗鼓地发行后，迅速登上了畅销排行榜榜首。从那以后它获得了现象级的成功，连续数年占据《纽约时报》畅销书排行榜。2005 年，销量已经超过 300 万本，而且势头依然强劲。原因不难看出。用它自己的话来说，《从优秀到卓越》读起来就像一本“快节奏的小说”。它有“第5级经理人”“斯托克代尔悖论”这种吸引人的理念，有“清洗干酪”这类引人入胜的比喻；它谈到了刺猬和狐狸，还提及飞轮和厄运之环——我们几乎能从字里行间感受到企业扶摇直上和急转直下的势头。柯林斯说他的能力之一就是在混乱无序中找出模式，这点他说对了。事实上，《从优秀到卓越》的形式完全依照的是一种经典叙述结构。英国作家克里斯托弗·布克（Christopher Booker）在他的《七个基本情节》（*The Seven Basic Plots*）中指出不同文化和时代中反复出现的一系列经典情节，其中之一就是“从一贫如洗到家财万贯”。布克解释道：“对人类的幻想来说，没有什么比从默默无闻到功成名就这一美梦更吸引人了。”我们常常见到，人们日复一日地梦想通过彩票中奖改变他们单调乏味的生活，或是想出一些一夜暴富的绝妙点子，或是从普罗大众中脱颖而出，成为人人瞩目的明星。这类故事中通常会有一个卑微的小人物，无论从哪方面来看都不起眼，经历一系列奇遇后，命运发生了翻天覆地的变化。这类故事最早可追溯到《圣经·创世记》的约瑟夫、亚瑟王拔出石中剑的传奇故事、阿拉丁和神灯、灰姑娘和水晶鞋，一直到萧伯纳的《卖花女》。听起来是不是有些耳熟？从小公司起家，最好是在不那么光鲜的行业，然后展示它如何坚韧不拔、诚信经营，最后成为当时最卓越的企业。这样一来你就得到了《从优秀到卓越》的基本原料。柯林斯毫不费力就能找到已被验证的原型，来迎合我们最热烈的期望。甚至《从优秀到卓越》这一书名都与“从一贫如洗到家财万贯”暗合。难怪这本书能轰动一时，它响应了我们永恒的美梦和心中最深层的幻想。如果柯林斯描绘的蓝图是真实的，如果谦虚、坚韧和专注的确能带领我们走向成功，并具备物理学那样的可预测性，那么迎合我们梦想的做法无关紧要。但是事实并非如此。许多评论家都只理解了柯林斯著作中的浅层含义，接受了它声称的严谨、科学和详尽，只有少数评论家看清了它的本质：一场通往梦幻乐园的旅途。《华尔街日报》评论家乔治·安德斯（George Anders）认为，《从优秀到卓越》描绘的商业世界图景就像诺曼·罗克韦尔（Norman Rockwell）的插画和儿童电视节目《罗杰斯先生的邻居》（*Mister Rogers' Neighborhood*）那样，简单且让人安心，充满了朴素的价值观和传统美德。“柯林斯先生的邻居”中充满了积极正面的简单故事。如果这故事还披上严谨科学的外衣，内容就更令人信服了。

轰动接连而至

寻找商业“圣杯”的旅途并未止步于《从优秀到卓越》。我们没有理由设想这类书籍会因柯林斯而销声匿迹。相反，这本书的巨大成功会催生更多同类书籍，它们都声称自己揭示了商业成功的秘密。我曾看到一本出版于2006年的名为《大赢家与大输家：企业长期兴衰的四大要因》（*Big Winners and Big Losers: The 4 Secrets of Long-Term Business Success and Failure*）的书，作者是明尼苏达大学战略与组织管理学院的教授艾尔弗雷德·马库斯（Alfred Marcus），出版商是沃顿商学院出版社，封面有来自达特茅斯商学院、杜克大学、西北大学、麻省理工学院等知名商学院教授的推荐语。我们再难找到一本有这么多赞誉的书了。

我翻开这本书，想知道它是否真正解释了商业成功的原因——至少摆脱了商业假象，以更理性的眼光看待公司业绩，但很快我就发现这本书和其他书没什么差别。自称揭示长期成功奥秘的书名就不是什么好的开头。这本书回顾了从前的研究，从彼得斯和沃特曼，乔伊斯、诺里亚和罗伯逊，到柯林斯和波勒斯的研究。在马库斯看来，这些研究都有一个重大缺陷：要么强调适应性，要么重视核心，没有同时表示两者都十分重要。他保证自己的研究将会更进一步，它展示了持久成功的真正秘密就在于既能因时而变，又能专心致志。

幸好这本书没有声称发现了组织物理学的定律，但之后的内容看起来似曾相识，它再次宣称研究十分严谨，花费1992年到2002年整整10年时间对上千家公司进行了细致认真的研究，分别挑选一组高业绩公司和一组低业绩公司作为样本，依据依然是结果。为了研究这些公司，马库斯让自己业余任教的MBA高管班的学生展开数据分析，采用学生报告作为自己的数据。让经理人作为研究员不一定是错的，只要他们的发现质量高并且是以可靠数据为依据。经理人的研究能力不一定比教授或者学生差。事实上，经理人或许更忠于事实，不会为了支持一个自己偏好的结论而对研究结果做出改动。可问题的关键在于数据质量，这才是症结所在。所谓缜密分析和细致调查得出的数据从哪里来？大部分数据都出自我们多次看到的有漏洞的数据来源，来自那些经理人的事后回顾、公司声明、商业出版物的文章。至于“长期成功的秘密”，马库斯发现大赢家们都发现了行业的有利位置，即所谓的“甜蜜点”，并且管理得力。它们适应性强、纪律严明、专心致志。大输家呢？它们困于不利之地，僵硬死板、能力低下、注意力涣散。按照我们目前所知，同一家公司在春风得意时会被描述成纪律严明，身陷困境时却被说成是能力低下；成功转型的公司会被当作适应力强，失败者就被称为僵硬死板。除非我们能以不受业绩影响的方式定义这些词，否则不过是堆叠光环罢了。我们收集对成功的公司和不成功的公司的各种评判，却无法找出企业成败的驱动因素。结果自然又是告诉经理人们，只要遵循一条简单的准则就能取得成功，不必顾忌其他公司的所作所为。没有任何地方提及公司业绩本质是相对的，如果想要超过对手就需要谨慎冒险。虽然研究的时间不同，研究的公司各异，但其中的假象却依然不变。

《大赢家与大输家》中最有趣的发现却被一笔带过，没被仔细研究：马库斯指出，大公司更容易出现在大输家的行列中，几乎所有的大赢家都是中小型企业。这一观察定会激起读者的好奇心，因为大公司一开始定是表现优异才能发展到如今的规模，它们不是通过成为输家实现增长的，但似乎某些因素阻碍了它们保持良好的业绩。是它们放弃了制胜模式吗？它们变得骄傲自满了吗？还是说它们的举措大体没有变化，但竞争压力的侵蚀性作用使得它们自然向中间值靠拢？无论是优秀还是糟糕，极端的业绩表现更常见于小型公司。其中一家公司应该特别能吸引马库斯的注意力，那就是金宝汤公司（Campbell Soup），大输家之一，在 1992 年到 2002 年的 10 年间业绩不佳。猜猜这家公司在长青计划的 10 年研究成果《4+2：什么对企业真正有效》中处于什么地位？ 1986 年到 1996 年间，它被归于成功者一列，在两个 5 年期都表现强劲。是金宝汤公司如此快速地改变了自己的制胜模式吗——它愚蠢地进军新市场或是改变了它那著名的番茄汤的配方，还是业绩表现被市场力量、日益激烈的竞争或者消费者喜好的改变所侵蚀？金宝汤公司业绩下滑的原因没有得到仔细研究，我们看到的只是根据它下滑的业绩而得出的结论。令人惋惜的是，虽然它号称研究方法新颖、较其他研究有所改进，可破解商业成功密码的举措和前人有着相同的缺陷，未能给出关于公司业绩的令人满意的解释。

好科学还是坏故事?

当然，不是所有商业和管理相关著作都只停留在讲故事的水平。许多关于公司业绩的研究竭力避免光环效应和其他假象的影响。这些研究流程经过精心设计，并得到认真执行。其中一项就是芝加哥大学教授玛丽安娜·伯特兰（Marianne Bertrand）和麻省理工学院的安托瓦妮特·肖尔（Antoinette Schoar）开展的有关公司总裁的个人管理风格是否会影响公司业绩的研究。要找到趣闻逸事证明成功企业的总裁都有着行之有效的个人管理风格十分容易。考虑到光环效应，这种行为几乎无可避免。但是伯特兰和肖尔明白收集一箩筐杂志文章，或是要求经理人为企业总裁管理风格进行评分——这样的做法只能捕捉到光环。因此，他们以两种具体政策来定义“管理风格”:“投资政策”（以资本性支出、财务性支出、收购兼并频率衡量）和“财务政策”（以负债水平和分红水平衡量）。这些政策不仅客观，还可以准确衡量，不再模棱两可、难以定义。接下来，他们从经过审计的财务报告中收集数据，因而受光环效应影响的可能性微乎其微。作为额外步骤，他们控制了其他变量，并且长期观察特定经理人在不同公司任期中的所作所为。这是一项方法优秀、成果可靠的社会科学研究。结果如何？伯特兰和肖尔发现不同经理人在投资和财务政策上的确有自己偏向的个人风格，而这种偏向可以解释 4% 的公司业绩变动。换句话说，在控制其他变量的情况下，管理者的个人风格对公司业绩的影响大约是 4%。从统计学上看，这是一项成果显著的研究，但却不是一个引人入胜的故事。听到经理人说出这样的话，你并不会感到心潮澎湃：如果其他条件不变，只要你采取以下措施，公司业绩就能提高 4%。但是严谨缜密的科学研究不总是吸引人眼球的故事。

第二个例子是伦敦政治经济学院的尼克·布卢姆（Nick Bloom）和麦肯锡的史蒂芬·多根（Stephen Dorgan）有关特定管理举措与公司业绩关系的研究。这与彼得斯和沃特曼提出的问题相似："什么是产生卓越业绩的原因？"也很接近长青计划探究的问题："什么对企业真正有效？"但布卢姆和多根采取的研究方法有所不同。他们是不是选择一群业绩很好的公司做样本，再回顾它们的共同点？不是，他们广泛选取超过 700 家中等规模的欧美公司作为样本，其中既有业绩好的，也有业绩不佳的。他们有没有要求参与调查者评价企业文化、管理质量和顾客导向这些易受业绩影响的因素？没有，他们让经理人描述特定的管理举措，注意提问时的遣词造句，以确保不受光环效应的影响。为了增强数据可信度，他们采用“双盲法”收集和整理数据：被采访者只知道这项研究和公司举措有关，并不知道它与公司业绩也有所联系；数据收集者对公司业绩一无所知，避免了可能产生的偏见。最后，由于研究只收集特定时间点的数据，是横向研究而非纵向研究，他们谨慎地说这项研究结果只关乎关联性，与因果性无关。他们甚至表示因果性可能与研究结果正好相反，亦即业绩优良的公司有资金或资源采取某些管理举措。他们刻意对研究结果轻描淡写。那么布卢姆和多根究竟发现了什么？研究显示特定管理举措的确与公司业绩差异相关，解释了 10% 的总体业绩变动。也就是说，如果一家公司各层管理都采用了最好的管理举措——从生产到客服到人力资源管理到财务，那么业绩表现就会比其他落后的公司高出 10%。从统计学上看，这项研究成果显著，非常有用，但却不能保证遵照一系列管理举措的企业一定能成功。这是一项优秀的社会科学研究，它仔细、清晰、严谨，却不能给出什么保证。

以上两项研究和许多类似研究都经得起科学的检验，但却不像故事那样令人激动。事实上，如果故事的标志是能够提供行动准则的话，这些研究根本称不上是故事。说 700 家公司业绩平均有 10% 的变化根本不能说明会对我的公司有什么影响，影响是大是小或是干脆没有。他们没有保证，没有承诺，不能激励我采取行动。因此人们更关注那些号称揭开优秀业绩秘密的书籍有什么好奇怪的呢？这些书给出简单明确的建议，帮助人们在纷繁复杂的世界里理清思绪，承诺谦逊和坚持能带来持久成功，只要有耐心够坚决，卓越就会向你招手。按照斯坦福大学詹姆斯·马奇（James March）和罗伯特·萨顿（Robert Sutton）的看法，关于组织业绩的研究分化成两个不同世界。第一大世界面向实际从事管理的经理，欣赏那些说明如何提高业绩的猜想。这类研究的主要目的就是激励和安慰读者。第二大世界要求并欣赏那些坚持审慎严谨的研究。在这个世界里，科学是最重要的，故事倒在其次。马奇和萨顿解释道："为了满足这些相互冲突的需求，研究界一边坚持说无法从现有数据推断公司业绩的原因，一边又大胆地做出这类猜测。"结果就是"一出精神分裂的好戏"，其中"咨询师、教师角色与研究者角色的要求分离"。这两个世界以不同的逻辑运行，遵循不同规则，迎合不同需求的受众，它们之间几乎没有交集。

两个按照各自逻辑运行的世界已经足够复杂，而现实情况更为棘手。当有关公司业绩的故事披上科学的外衣，声称以详尽的研究为基础，有成箱的文件和上亿字节的数据作为支撑，得到知名大学专家的交口称赞，自称以科学的精确揭示了潜藏的准则时，这些故事显得更有说服力了。让我们回到缜密研究这一假象上来。我们分析过的这些畅销书花费大量时间说明自己的研究方法和数据分析，于是评论家和读者们都对这项看起来兼具深度和广度的研究印象深刻。到目前为止，我们已经知道这些数据有缺陷，对业绩提升的解释值得怀疑。但是扣人心弦的故事在自称科学后，所得回报更加丰厚。按《经济学人》的说法，只是邀请彼得斯出席各种场合就要花费 8.5 万美元，邀请柯林斯更是要花费 15 万美元。讲述企业成功的诱人故事的确有利可图。会有人以 8.5 万或 15 万美元的高价，邀请伯特兰和肖尔讲解在统计学上意义深远的 4% 业绩提升吗？看起来不太可能。

在第 1 章中，我借用了著名歌手弗兰克·西纳特拉的歌《我们知之甚少》。如果真正重要的是编织扣人心弦、激励人心的故事的话，那么科学的严谨或许已经不再重要。这首歌的最后一句歌词才是最发人深省的："我们知之甚少，但却无关紧要。"

令人满意的故事还是暗藏凶险的假象？

有人可能会认为要进步的话就要抵制故事，坚持以纯科学的方法研究商业和管理。但我在这点上并不那么肯定。故事永远都在我们身边，它们是生活重要的组成部分，能对复杂的事件进行连贯的解释，通过添加道德层面的意义指导人们行动。通过提供古尔德所说的“希望的讯号”，故事能激励人们采取行动。我喜欢引用古尔德、费曼等人的名言，他们既是科学家，也是大学教授，有时间慢慢改进自己的研究，开展额外的实验，收集更多数据，直到对结果满意为止。另一方面，经理人必须采取行动。无休止地讨论不同的管理举措并不能带来成功，因为我们知道业绩是相对的，很少有停滞不前的公司能够成功。美国前“CEO”杜鲁门总统就曾发表相关的著名言论，抱怨说自己想要单向顾问，已经厌倦了那些常说“一方面……另一方面”的顾问。管理者必须行动。这或许就是刺猬形象如此受欢迎的原因之一，专注一件事总比操心很多事要好。

一个好故事的标准不是它是否在科学意义上完全准确——从故事的定义上看这就不可能。而是要看它是否能提供有价值的洞见，是否能在大多数时候激励人们采取有益的行动。按照这一衡量标准，或许我们应该对之前评论的商业畅销书更宽容些，因为它们大部分不断地回到相同的基本点上。从彼得斯到柯林斯，同样的主题反复出现：如果经理人价值观坚定、目标清晰、关心员工、关注顾客、追求卓越，那么公司一定会实现卓越业绩。如果经理人能根据这些基本准则指引自己采取行动，那么这也不算是件坏事，对吧？有些诺曼·罗克韦尔式的乐观也无妨吧？

说实话，我的确发现这些基本准则有许多优点。20 世纪 80 年代，我在《追求卓越》和《基业长青》评价很高的惠普公司工作了 6 年。强大的共同价值观、被授权的员工、注重创新的企业文化，这些都是惠普这家美国商业历史上最先进、最成功的公司的基本原则。此外，我职业生涯中最欣赏的 CEO 就是戴维·帕卡德（David Packard）。他是一个智慧的实干主义者，直截了当、从不惺惺作态、忠诚于公司但也愿意为政府服务，就是柯林斯所说的第 5 级经理人的典范。所以总体上来说，我对这些畅销书大部分内容感同身受。大多数公司都能从这些基本原则中受益——如果作者能用通俗易懂、生动形象的方式将这些内容展现给读者，读到这些的经理人就会将其牢记于心，那么这也算不得一件坏事。

然而，事实不仅如此。想讲故事、将事件连贯排列起来的欲望可能会导致我们找出不存在的潮流，或是推断出错误的原因。我们可能会忽略那些与我们故事不合的事实。[《双虎屠龙》（*The Man Who Shot Liberty Valance*）这部电影是 1962 年约翰·福特（John Ford）为逝去的美国旧西部世界献上的一曲挽歌。当地报纸《胫骨星报》（*The Shinbone Star*）的编辑决定不刊登披露是谁射杀了镇上恶棍的新闻。他解释道："这里是西部，先生。当传奇变成事实，那么就发表传奇！"我们前面分析的许多研究就是这样：它们一遍遍发表传奇，直到我们相信这是事实。] 因此，我们不禁要问，尽管关于公司业绩的故事可能安慰人心，在许多方面也十分有益，但它们是否仍会带来危害？有没有可能一个更复杂的解释会带来更多帮助，它们却将其简化？如果是这样，我们就要当心，无论这些故事看起来多么诱人，也不能被其诱惑。我们是否有理由相信前面章节所讨论的假象可能会危害重重？我想是的。以下就是原因。

长盛不衰的假象承诺建立一家屹立不倒的公司完全可行，这是一个值得努力的目标。然而长期业绩能超越市场平均水平的企业不仅极其罕见，而且只存在于统计学报告中，通常只有在回顾时才能看得出来。长盛不衰最好理解成许多短期成功的串联。追求长盛不衰的幻梦可能会让注意力从赢得当下战役的迫切需求上转移开来。

绝对业绩的假象也让我们忽略了这一事实，那就是成败通常只发生在竞争环境中。相信成功完全取决于自身可能令人安心，但正如凯马特的例子所展现的，在绝对意义上取得进步的公司可能相对而言落后更远。商业成功不仅仅意味着做得好，而且还要比对手做得好。认为业绩是绝对的可能会让我们忽视竞争对手，逃避那些具有风险但在行业市场竞争的动态环境中至关重要的决策。

本末倒置这一假象让我们混淆了原因与结果，行动与成果。我们可能会观察那些业绩卓越的公司，猜测它们的哪些举动带来了成功，事实上却可能导致更大的波动性和更低的成功率。除非我们选取所有公司，研究它们的所有举措及其效果，否则我们得到的只能是不完整的片面信息。

组织物理学假象暗示的是，商业世界遵循精确的规律，产生可预测的结果。它让人们相信一套管理举措适用于各种环境，忽视了在不同条件下适时调整的必要性，如竞争强度、增长率、对手规模、市场集中度、规划、全球活动分布等。它宣称一套方法适用于任何地方、任何时间、任何公司，尽管其简单且极具吸引力，但不能充分展现商业世界的错综复杂。

这些假象综合在一起就暴露了这些商业书籍的核心谎言，即公司遵循某些关键步骤，就一定会实现卓越。成功完全取决于自己的行动，不受外部因素影响。这和那些告诉人们简单五步成为百万富翁、两周瘦 20 磅（9.07 千克）、唤醒内心卓越潜能的书没有多大区别。而且，如果我们认同这些说法，那么这个观点反过来也成立：如果一个公司未能成就卓越，经理人一定是在某些问题上出了差错。他们一定是忽略了正确步骤，或者是偏离了正确道路。如果卓越是我们力所能及的，那么达不到卓越就完全是我们的责任。

乐高归来

这又让我们回到乐高上来。记得 2004 年 1 月，在一个业绩惨淡的假日销售季后，波尔·普劳曼被解雇了，被炒鱿鱼了，被辞退了，被开除了。所有报纸都在说他罪有应得，因为乐高销售额和利润大幅下跌。媒体说乐高偏离了核心，也就意味着普劳曼犯了错，该是他下台的时候了。真正的问题不是乐高在 2003 年是否业绩不佳，我们知道答案是业绩的确不佳。该问的是另一个问题：乐高业绩下跌是因为普劳曼的决策还是其他原因？或许普劳曼的确是个无能的领导人，没有他乐高会发展得更好。但也有可能是乐高的境况早已岌岌可危，普劳曼无力回天。或许乐高的问题与 1999 年普劳曼上任前的公司决策有关，因为前任的领导者们在狭窄的核心中停留太久，无法在旧有市场基础上取得突破。如果是这样，那么解雇管理者就像膝跳反射一样，是找出替罪羊的最简单的反应，而不是一个有理有据的商业决策。被指示要回归根本的普劳曼继任者实际面临的管理难度更大，因为乐高要再次转向。如果公司情况没有得到改善，新任执行官最终也会被解雇、被辞退、被取代。有一天就会有人写道，乐高犯了和格马特一样的经典错误：它转变了自己的战略，执行不力，企业文化停滞不前，组织结构过于庞大累赘。

为准确起见，普劳曼被解雇后乐高的情况如何？乐高销售额继续下跌，从 2003 年的 69 亿克朗下降到 2004 年的 63 亿克朗，运营又一年亏损。新一任执行官把注意力转移到降低成本上来。2005 年，乐高出售了乐高主题乐园，减少了在丹麦、瑞士、美国的生产活动，转移到成本较低的东欧和亚洲国家。超过 1 200 名员工下岗，裁员率达到 20%。结果是什么呢？到 2005 年，乐高开始有盈余。然而这是惨痛的削减开支的结果，并非在核心业务上实现了利益增长。如果普劳曼还在任，乐高的业绩表现会更好还是更坏？我无法断言，相信也没有人会做出论断。我们不能让时光倒流，改变某一变量，把实验再进行一遍。但我猜测乐高的问题并不是任何一位管理者在短短的任期内造成的。要将公司的种种惨状归结到一个人身上固然容易，但无论这种简单的归因方式有多么诱人，都不能提供管理公司的最优基础。

9

再探商业问题之源

知识分子应该做的事情就是要与过分简单化和简化论作战，就是要说，“嗨，其实这事情不是那么简单”。至少，那是他们工作的一部分，然而，你一定注意到了，谈到某些“复杂情况”时，十有八九都是以此作为一种模糊化的手段。这时我们就需要高兴地反复使用著名的奥卡姆剃刀，排除不必要的假设，声称事实上情况没有它们表面看上去的那样复杂。

——克里斯托弗·希钦斯（Christopher Hitchens）

《致愤青》（*Letters to a Young Contrarian*），2001

揭露那些蒙蔽我们对公司业绩看法的假象对那些目光敏锐的经理来说至关重要，但这并不能令人完全满意，因为它没有回答各种商业问题的根源：是什么造就了优秀业绩？看起来我们仿佛又回到了起点，甚至比在本书开头时知道得更少。员工满意度会带来优秀业绩吗？或许可以，但我们无法确定其影响程度多大。或许这句话反过来更有道理：公司业绩是员工满意度的重要决定因素。那么，浓厚的企业文化能带来优秀业绩对吗？经理人应该竭力建立强有力的共同价值观，是吗？或许是的，但我们依然无法确定企业文化在多大程度上影响公司业绩，并且这句话的逆向效应可能更强，人们常说成功的企业拥有浓厚的企业文化。那么，关注顾客呢？对于公司来说贴近顾客难道不是至关重要的吗？的确重要，但如果我们不小心，所有业绩优秀的公司都能被说成关注顾客，销售不佳、利益空间缩小的公司都失去了顾客青睐。关于领导力的解释也同样难以让人满意，因为我们总是宣称成功企业的管理者领导有方，似乎他们生来就有明确的目标、良好的沟通技巧，也常说业绩不佳的公司管理者领导不力、管理失败。

所有这些都引出了一个更深层次的问题：如果我们观察到的这么多因素都不是公司业绩的驱动因素，而是根据公司业绩归结出来的要素，那么什么才能带来优良业绩呢？我们或许会赞同萧伯纳的说法，卖花女与贵族淑女的区别不在于自身言行，而在于别人对待她的方式。但这并不能解释她一开始是如何成为贵族淑女的。说她生于富贵之家只是将问题推回上一代，我们想知道的是为什么只有她的家庭条件富裕，其他家庭不是呢？所以，我们又回到了最初的问题：是什么造就了优秀业绩？

如果我们信任管理大师、咨询顾问和商学院教授的说法，只要足够用心关注某些因素，如四大要素、六大步骤、八大原则，就能轻易获得优秀业绩，成功唾手可得。但按照克里斯托弗·希钦斯的说法，强调这些步骤公式反而会模糊了简单的真相，甚至会加深只要遵循特定步骤就能成功的谎言。如果未能实现成功，那么问题不在我们的公式上，毕竟这可是经过严谨研究，经过对大量数据的透彻分析得出的，问题出在你身上，在于你没有严格遵循公式。事实上，真相可能远比这些公式要简单。公式分散了我们的注意力，使我们无法洞悉真相，那就是无论我们做多少事情提高成功概率，公司业绩的核心依然有很大一部分难以确定。公司业绩可能没有看起来那么复杂，但也无从确定，无法任人操纵以达到可预计的结果。

这就是我对公司业绩的看法。按哈佛商学院的迈克尔·波特（Michael Porter）的看法，公司业绩受到两项因素驱动：战略和执行。战略是采取与对手不同的行动，或者使用不同的方式开展同样的行动。战略并非目标或目的，也不是眼界或者使命，而是在重要的方面与对手不同。执行就是贯彻自己的选择，它指的是在同一个组织工作的人调动资源来实现战略。生产高质量商品、提供客户服务、管理运营资本、培养和委派人才，这些都不是战略问题，因为几乎所有公司都想在这些方面做好。这些举动属于日常管理，都与有效运营相关。只从战略和执行两方面来解释公司业绩或许在一开始给了我们希望。这只有两项，不像那些冗长的单子！经理人们当然能处理好这两方面！然而仔细观察后却发现这两者都充满着不确定性，而蓝图、保证、不变法则都是假象这一点也就很明显了。

极具风险的战略抉择

所有公司都会面对一系列基本战略抉择。我们应该在什么市场以什么产品进行竞争？哪些行动应该由我们开展，哪些可以留给供应商和合作伙伴？相对对手而言，我们应该如何自我定位——是抢占先机还是以成本低廉闻名？公司无法在任何时间开展一切行动满足所有顾客的需求，因而它需要选择在哪条产品线上进行竞争，进入哪个市场，开展什么活动，如何定位自我和对手。这些选择不是平凡乏味的豪言壮语，而是区分一家公司的基本决策。而选择与众不同通常意味着相应的风险。

如果你阅读了大多数的商业图书，那可能不会喜欢战略抉择本质上的风险性。例如长青计划建议公司要“设计并坚持一条清晰专注的战略”。战略的真正本质并不重要。作者解释道，如果公司想实现增长，“实现增长的方式无关紧要，你可以通过组织扩张、合并和收购，或者将两者合二为一”。他们接着说：“无论你采取的战略是什么，无论是低价取胜还是研发创新产品，只要定义明确，沟通清楚，被员工、顾客、合作伙伴和投资商理解接受，这项战略就会起效。”这当然纯属废话。如果挑选出一些卓越公司，我们或许会发现有的靠组织扩张实现增长，有的通过收购，有的降低价格，有的强调创新，但并非只要定义明确、沟通清楚，这些战略都一样有效。我们这样做是本末倒置。在特定的市场条件下，有的选择十分愚蠢，甚至是致命的。例如在一个已经饱和的行业里尝试扩大产量就很难算作明智之举，就算沟通再清楚、定义再明确也无济于事。同样地，《从优秀到卓越》也淡化了战略抉择的风险性。柯林斯在开篇写道："我们期待那些从优秀到卓越的领导者一开始就确立了崭新的视野和战略。"然而，研究团队发现这些企业首先做的都是招揽优秀人才，之后再制定战略。卓越公司"让合适的人上车，不合适的人下车，每个人坐在合适的位置上，再确定车要开到哪里去"。《从优秀到卓越》对战略抉择的关注仅此而已，完全没有提及竞争对手、定位或者风险，战略甚至没有作为话题被列在该书索引处。

这些书都没有认清核心真相：战略总是伴随风险，因为我们无法确定抉择会带来什么结果。战略抉择的风险有以下几个来源。第一个来源是顾客。顾客会接受还是抵制一项新产品或新服务？他们愿意在上面花费多少？这些都难以说清。市场调查常常很有帮助，就像我们在第 1 章提到的哈拉斯娱乐公司的例子那样，有的生意可以进行科学实验，它们提供了天然的实验室，可以在精心控制的条件下观察差异。但是许多重要举动，比如投放新产品或是采用新模式都不能随便进行试验。实际中市场调查不起作用的例子有很多。太阳唱片（Sun Records）的传奇制作人山姆·菲利普斯（Sam Phillips）曾经提出警告："每当你认为自己了解公众想要什么，你就是个傻瓜。"市场反应总是不确定的，聪明的战略家对这一点了然于胸。

风险的第二个来源是竞争对手。就算我们能准确预测顾客行为，还是要和对手抗争，他们中有些同样能准确预测顾客情况，做出相似的战略抉择，甚至会因为推出革命性的产品或服务而超过我们。我们很难准确预测对手的行动，特别是在对手也在预测我们的行动时。作为经济学的一个完整分支，博弈理论发源于“囚徒困境”，囚徒困境形式更简单，是只涉及两个参与者的智力比拼。将这种博弈拓展到多个参与者之间，每位参与者都拥有不同的资源、生产能力和风险偏好，那么整个博弈的复杂性就呈指数上升。

第三个风险来源是技术进步。有些行业相对稳定，产品变化不大，消费者需求长期稳定。买玉米片的家乐氏（Kellogg's）每年的利润都很稳定，人们需要吃早餐，没人发明更好的玉米片，而家乐氏又是知名品牌，这一切都保证了它稳定的年收益和利润（除非私人品牌侵占了市场份额和利润空间，或者有更大的零售商挤压利润空间——正如熊彼特所言，没有什么会永恒不变）。但在其他行业，技术日新月异，战略抉择接二连三，每项抉择都攸关企业生死。哈佛商学院的克莱顿·克里斯坦森（Clayton Christensen）开展了一项开创性研究，展示了从挖土机、光驱到钢铁的一系列行业中，有许多成功企业因为新科技的出现而败落。它们失败不是因为管理不善，真正的问题隐藏得更深，危害更大。它们失败正是因为每件事都做得对——关注客户需求，投资很大可能获得成功的新产品，这使得它们不能适应新技术出现带来的变化。对于地位稳固的市场参与者来说，这些所谓的破坏性技术一开始看起来并不那么吸引人，它们既不能满足现有顾客的需求，也不能保证销售额有实质性的增长，因此这些新技术常常被忽略，但它们随着时间变化逐步改进，最终取代了现有技术，如此一来市场领头羊就会遭难。毕竟我们很难预知哪些新技术没有出路，可以放心地忽略；哪些将会使整个产业发生翻天覆地的变化，带来致命威胁。

知道了这三个来源——不确定的消费者需求、难以预测的竞争对手、日新月异的技术，我们就清楚了为什么战略抉择在本质上存在风险。而风险最高的莫过于高科技产业。还记得第 7 章提到柯林斯发现 11 家卓越企业都来自平凡无奇的行业，如零售业、消费品行业、金融服务业、钢铁行业时的惊讶之情吗？他的言下之意十分明显：不是光鲜的高科技或者生物技术公司也能成为卓越企业。如果这些不起眼的企业也能变得卓越，那么你也可以！但我认为另一种阐释更为准确。这些企业可以说是寒酸老土，但更适合的形容词是稳定。它们受科技剧烈变化的影响较小，不易受消费者需求变化影响，竞争强度也更低。这意味着相比于处在快速变化行业中的公司，这些行业的公司有更大的概率获得持续稳定的业绩。相比之下，高科技公司更难连续 15 年保持优秀业绩。《追求卓越》中列出的 35 家公司中有一些就是高科技公司：阿姆达尔公司（Amdahl）、数据通用公司（Data General）、DEC、IBM、惠普、王安电脑公司等电脑制造商，以及英特尔、美国国家半导体（National Semiconductor）、得州仪器这类半导体公司。在研究结束后的10年内，这些公司没有一家能跟上市场整体增长速度，正如附录表1A所示。没有任何一家。声称任何公司都能成就卓越的确是一个出色的故事，但能满足柯林斯的业绩连续15年高于市场平均水平这一条件的公司都活跃在烟草、剃须刀、卫生纸等消费品行业，或是药店这种零售业，再或者是零售银行业务和抵押贷款这类金融服务业。科林斯说即使是不太可能的行业也有公司能成就卓越，但仔细审视证据之后就会发现他犯了本末倒置的错误。如果以连续15年的优良业绩作为衡量标准，那么更准确的说法就会是只有在稳定行业内的公司更可能实现卓越。

最后一项风险来源不在公司外部，不是顾客、对手或者技术，而是公司内部能力的不确定性。事实上，因为员工、技能、经验等特定条件不同，经理人不能确定公司会如何应对一系列新行为。战略专家称之为“因果模糊性”，意思是公司内部复杂而微妙的关系让人难以准确得知一系列行为带来的结果。知道了上述这些因素，战略抉择的内在风险性就一目了然了。

面对所有这些不确定性，经理人应该怎么做？是应该采取狐狸那样的世界观，不停地考虑各种因素，根据情况对计划做出调整和变动，还是应该像刺猬一样简单专注？后者更容易解释给员工，也更容易让他们充满信心地遵循。在一些人来看，这种方法也更行之有效。彼得斯和沃特曼谈及不离本行的价值，长青计划强调战略表述清晰、关注明确的重要性，柯林斯的 11 家卓越公司据说也有着刺猬那样的专注。不只他们有这样的观点。第 1 章中我曾简单提到过一个研究，贝恩咨询公司的克里斯·祖克在研究了 1 854 家公司 10 年间的表现后，发现这些业绩优良的公司中——以实现持续有利润的增长为衡量标准，足足有 78% 的公司都专注于一项核心业务。言下之意就是，专注核心的公司比其他注意力分散的公司业绩表现更好。但要小心，的确 78% 的高业绩公司专注于一项核心业务，但这不能说明只要核心单一就能提高成功概率，因为我们不知道所有公司中，只有一项核心业务的公司和有多项业务的公司分别占比多少。我们需要确定自己没有颠倒因果。关键问题不在于多少家成功公司专注核心，而是是否更专注核心的企业有更大成功概率。战略变化或许不是业绩不佳的原因，而是其结果，因为公司通常都会坚持自己的制胜之道。一个更有意思的问题至今为止还未得到回答，那就是，如果核心业务面临巨大压力，公司应该如何应对？想提高成功的可能性，是要像刺猬一样专注核心，还是像狐狸一样随机应变？这个问题更为棘手，却是经理人在日常工作中必须面对的问题。这是第1章中诺基亚手机面对新对手带来的压力时的问题，也是传统玩具市场需求下降时乐高面临的问题。目前为止，在这个问题上还没有令人信服的研究，或许是因为花费大量时间寻找总体模式并不能回答这个问题。这个问题必须采用另一种方式进行研究，将决策时间单独列出来，比较决策不同的公司随后业绩的差异。而现在，我们还没有得到关于这个问题的令人信服的答案。

与此同时，我们也面临这样一个残酷的事实，那就是战略决策对公司业绩影响巨大，其本质也极具风险性。回顾成功的公司，我们都为那些看起来英明的决策鼓掌叫好，却忘了当初这些决策都充满争议，极具风险。麦当劳在特许经营权上押注在今天看来十分明智，在20世纪50年代却被看成是冒险的举动。戴尔的直销策略如今看起来也是聪明的决策，实际上是它在许多传统销售渠道经历无数次失败后才采取的策略。回顾我们在前面章节讨论过的公司，比如思科通过并购来完善产品范围，或是ABB通过合并、削减成本的方式将欧洲电力产业合理化的决定。采取这些决策的经理人，在权衡各种因素后决定与对手有所不同。我们对这些决策记忆犹新，是因为它们的结果很好，但成功并非必然。斯坦福大学的詹姆斯·马奇和纽约大学的祖尔·沙皮拉（Zur Shapira）解释道：“无论是作为真正的现象还是作为难以解释的现象的替代品，巧合的作用被事后对历史的重述大大低估。”但巧合的确在起作用，有远见的智者与愚蠢的赌徒之间的区别通常只能通过结果推断。事实上，战略抉择总是暗藏风险。战略领导的作用就是收集合适的信息，经深思熟虑后，做出虽然有风险但在竞争环境中成功概率最大的选择。

执行过程的不稳定性

近年来，人们越来越重视公司业绩的第二支柱：执行。一些著名的商业领导大肆宣扬执行的重要性。曾先后担任通用电气和霍尼韦尔（Honeywell）CEO的拉里·博西迪（Larry Bossidy）认为，执行不仅是影响公司业绩的重要因素之一，而且在众多因素中居于首位。他写道:“执行是当今商业世界中尚未引起足够重视的一大问题。执行的缺乏是成功之路上最大的阻碍，是错误归结在其他因素上的失败的真正原因。除非付诸具体行动，否则没有战略能产生结果，而这些具体行动就和执行有关。”这听起来是个好消息，因为如果执行不仅至关重要，而且比战略抉择确定性更高的话，或许经理们就能有针对性地提升公司业绩了。执行的确没有战略决策风险高，原因很明显，战略决策取决于顾客偏好、竞争对手的行动、新科技的前景等多重因素，所有这些都与混乱的外部世界有关；而执行只发生在公司内部，发生在我们的地盘，由我们的员工齐心协力实行一项共同制定并认可的战略。执行的未知因素更少。

但执行中依然有许多不确定因素。毕竟一个组织不是可被取代、各部件相互替代的机械系统。最好将组织看作一个社会及系统，是人与机器、人与事物、软件与硬件的结合，同时也是理念和态度的集合。有的技术要素可以照搬，产生可预测的结果。例如，生产方式、生产配方、库存管理、电脑系统可以在不同的企业之间共享，产生的效果大致相同。但当我们开始研究技术系统与社会系统之间的互动关系，其中涉及员工、价值观、态度和预期，结果就很难预测了。以人力资源管理为例，我们在第5章中曾经谈到一项研究，其带头人马克·休斯里德和布莱恩·贝克尔发现人力资源管理系统对公司业绩有重大影响，得出了经理应该审慎地考察顶尖的人力资源管理措施，并将其应用到企业管理之中这一结论。但他们也警告在一家公司起效的措施，因为员工、规定、传统的不同，不一定能在另一家公司产生同样的结果。人力资源政策对公司业绩的影响反映了“异质变化性”。有效的执行依然充满不确定性。

“异质变化性”与“因果模糊性”相似，都是专家们用来表示“我不知道”的说法。但这是事实。尽管我们尽了最大努力，依然难以说清员工和具体管理举措如何在复杂的组织结构中产生影响，更难以将其运用到其他地方以期产生相同结果。即使我们的出发点就是提高运营效率，我们也难以准确预测特定举措会如何影响企业业绩。这也说明了为什么前面提到的尼克·布卢姆和史蒂芬·多根的研究结果影响有限。他们发现采取特定的商业举措能解释 10% 的公司业绩变动。为什么只有 10%？因为同样的措施在一系列因素变化的情况下会产生不同的结果，例如企业员工、员工技能、员工期望和措施实行的公司环境。这不是说举措没有优劣之分，也不意味着这些举措在大部分时候对大多数公司没有效果。这只意味着执行和战略一样，不能用可预测的因果关系来解释。我们即便竭力将因素分离出来、尝试了解公司内部运行结构，最多也只能小有所成。

鉴于它对公司业绩的重要作用，执行受到越来越多关注。无数书籍和文章开始谈论执行的必要性。我们反复听到的一个词就是“完美无缺的执行”。《4+2：什么对企业真正有效》中就把这个术语作为四大要素之一：成功企业的“执行应该完美无缺”。一本名为《零缺陷执行力》（*Flawless Execution*）的书提供了公司如何实现巅峰业绩并且“赢得商业战争”的方法。《商业周刊》用了相同的词描述尼桑在与丰田的商战中遇到的挑战：“尼桑的执行必须完美无缺。”这本该是件好事，不仅意识到运营效率的重要性，而且设立了完美无缺的执行这一高远目标。

但在我的经验里，对执行的很多看法本意是好的，却容易在一些基本谬误上栽跟头。让我解释一下。我参加过一家知名跨国公司的研讨会，这家企业的高管向来自世界各地的本公司经理人发表讲话。这家企业业绩优异，是业绩领头羊，并且没有麻烦缠身。这名高管在演讲开头描述了公司面临的种种挑战，他强调：“我们有正确的战略，只需更好地执行。”会议室里的每个人都点头称是，讨论继续进行，在接下来的一个小时他们谈及了各种话题。这有什么问题？问题只在于：执行涉及方方面面，在场的 40 个人可能对执行有 40 种不同的理解。研讨会结束后，与会者并没有对公司面临的困难有进一步的认识，也没有在应该采取的特定行动上达成共识，这就不太可能有改进。“我们需要更好地执行”和“让我们做得更好”一样，不过是人人都知道的事。

比起单纯强调完美无缺的执行有多重要——毕竟谁会反对完美无缺的执行呢，经理人应该找出针对特定的战略哪方面的执行更重要。对于一家公司来说，这可能是缩短产品生产周期，或是降低不合格率。对于另一家公司来说，可能是加快产品进入市场的速度、更大程度地留住现有客户，或是加快交货速度。当然，事事都重要的观点十分诱人，但未免过于简单。关键要问：对于我们公司而言，在眼下这个阶段，为了与我们的对手竞争，哪方面的执行最重要？这个问题更为棘手，但要想提高分清轻重缓急的能力，就非回答这个问题不可，而且也能找到答案。当拉里·博西迪还是霍尼韦尔 CEO 时，他没有泛泛而谈执行的重要性，而是集中关注 4 个方面：加速新产品研发、提高订单供货率、完善库存管理、改进运营资本管理。公司上下每个人都能轻易理解并专注实现这 4 个方面。

第二个挑战来自我们耳熟能详的光环效应。如果我们不够谨慎，每家成功企业都会被称赞为执行有力，任何失败都可以在事后解释为执行不力。到目前为止，我们已经知道如何避免光环效应，那就是采用那些不受业绩影响的衡量标准。我们必须分清原因与结果。在过去 10 年里，戴尔一直是执行有力的楷模。我们很自然地将戴尔的成功归结于它出色的执行力，但仔细分析就会发现，戴尔严密地衡量运营的多种方面，从接单定制生产速度到生产过程中每一步骤分秒必争的能力，再到惊人的库存周转次数（每年超过 80 次）。戴尔还在向供应商付款之前从顾客那里收款，也就是说，从财务方面看，戴尔动用运营资本的天数为负，这是一项了不得的成就。戴尔不是纸上谈兵，而是关注几项重要因素并且精准衡量，客观来看结果十分出色。

我之所以质疑广泛谈论的“完美无缺的执行”的价值还有另一个原因，那就是它会让人们的注意力从战略上转移。还记得 40 位经理都对执行的重要性点头称是吗？他们当然会这么做，谁会对此提出异议呢？一旦将注意力放到执行上，关于战略抉择的话题就被回避了。这种情况经常发生。我从前供职的惠普公司在2004年8月发表了令人沮丧的结果，CEO卡莉·菲奥莉娜（Carly Fiorina）声明："我们的战略没有错，只是我们没能落实执行。"她的解释听起来很合理，在她迅速更换了几位关键执行官时也没有人提出质疑，这看起来是提高执行力和公司业绩的正确做法。奇怪的是，当6个月后，即2005年2月，菲奥莉娜也被解雇后，公司发言人重复了相同的话：惠普遵循了正确的战略，首席执行官之所以离职，是因为董事会成员希望公司有更好的执行力！这依然听起来不无道理，没人对惠普的基本抉择敲响警钟。6个月后新任CEO马克·赫德（Mark Hurd）走马上任，惠普坚持它的说法，宣称"他是因为优秀的执行能力被选中"。问题就在这里：拿执行能力说事总比解决战略的基本问题要容易；坚持我们方向正确，只需要加快速度要更容易；承认方向上出现错误则要痛苦得多，因为解决措施要重要得多。仔细观察，惠普的策略失误使得它腹背受敌。它在打印成像方面势头强劲，却在和戴尔的个人电脑争夺战中落于下风，在商用电脑领域受到戴尔和IBM的挤压，在商用数据存储系统中落在易安信（EMC）之后，信息技术服务跟不上IBM、埃森哲（Accenture）、电子数据系统（EDS），消费电子领域面临来自柯达和索尼的激烈竞争。事实上，我们有许多理由质疑惠普的战略，但这样一来就会引起后果严重的问题。经理们很自然地将注意力放到执行上，因为人人都认为改进执行力不是什么难事。戴尔也是如此。2005 年年中，戴尔发布了令人失望的季度报告，CEO 凯文·罗林斯（Kevin Rollins）将所有问题都解释为“执行问题”。事实上，我们有足够的理由质疑戴尔在目标市场和竞争定位方面的战略抉择，但是这些讨论无一例外会带来更麻烦的问题。将矛头对准执行则容易多了。因此每当有人说“我们有正确的策略，只需要更好地执行”时，我都会再次审视它的战略。

经过上述讨论，针对“是什么造就了优秀业绩”这个问题，我能给出的最好答案如下所述。如果我们不谈那些由业绩推断出的属性，例如通常提到的领导力、企业文化、关注等，剩下的只有两大类：战略抉择和执行。前者本质上是风险极大的，因为我们只能以顾客、竞争对手、科技和企业内部能力作为推测依据。后者同样充满不确定性，因为在一个公司收效良好的举措不一定能在另一家公司取得同样效果。尽管我们渴求简单的步骤，但也不得不承认，相比那些抚慰人心的故事中描述的情形，管理的真实状况要更不确定。明智的经理人明白，经商就是想办法提高成功的概率，但永远别期待成功是确定的。如果一个公司制定出精明的战略抉择，竭力使运营更顺畅高效，还受到幸运女神眷顾，它或许能在一段时间内与对手拉开距离。即便如此，这些好处还是会随时间消逝。此时的成功不能保证将来的成功，因为成功会带来新的挑战者，其中一些公司愿意冒更大的风险。所有这一切解释了尽管故事十分诱人，却没有简单的公式能确保成功。正如汤姆·彼得斯所说："要想实现卓越，就必须坚持不懈。一旦坚持不懈，就容易经受风浪。没错，这是个悖论。得想办法解决它。"

10
摆脱光环

一旦你确信世界上没有任何事能被绝对证明，生活就更像是只关乎概率、选择和交易。在一个无事可被证为真理的世界上，改进可能性的唯一方式就是掌握更渊博的知识，实现更深的理解。

——罗伯特·鲁宾（Robert E. Rubin）

《在不确定的世界》（*In an Uncertain World: Tough Choices from Wall Street to Washington*），2003

经理们肩负提高收入和利润的压力，难怪他们会被声称解开成功奥秘的商业书籍吸引。甚至有些著名的商业领袖也偶尔要从畅销书中寻求帮助。2005 年 9 月，《商业周刊》刊登了关于微软 CEO 史蒂夫·鲍尔默的文章，描述了他如何奋力抵挡谷歌和雅虎等挑战者，以重振微软昔日辉煌。同时还提到他也从柯林斯的《从优秀到卓越》中寻求灵感。

史蒂夫·鲍尔默是个聪明人，我认为他不会真的相信柯林斯的书能为微软困境提供解决办法。这家世界顶尖软件公司身处快速变化的产业，努力想保持自己的主导地位，面临来自开放源代码和维基（wikis）、博客、混聚（mash-ups）等网络新事物带来的挑战。它所面临的问题与消费金融服务业或零售业的中型公司面临的问题相比可谓天差地别。如果鲍尔默试图实行柯林斯提出的不变法则，结果也会令他大失所望：自他担任 CEO 以来，微软的年收入增长率从 32% 下降到 8%，股价下跌 40%。这些变化不应让人吃惊。我们知道由于竞争，业绩高的公司通常会随着时间有所衰退。《从优秀到卓越》的核心理念——优秀的员工、保持专注、坚持不懈——可能在大多数情况下对许多公司有帮助，但没有理由认为这些法则足以让微软重振辉煌。

对鲍尔默和任何一位经理人来说，不幸就是世间不存在魔法公式，没有解密方法，没有瓶中精灵掌握成功奥秘。“什么对企业真正有效”这一问题的回答十分简单：没有什么真正有效，至少不是永远有效。永远有效不是商业世界的本质。这一洞见尽管准确，却不那么令人舒心。管理在于采取行动，在于做事情。那么能做什么？第一步就是要摆脱影响我们商业思维的种种光环。要意识到励志故事虽然能给人安慰，但它和热带岛屿上的那副椰壳耳机的预测效果相差无几。经理人应该认识到商业成功是相对的，不是绝对的，要获得竞争优势需要仔细计算风险。要接受很少有公司能够长盛不衰这一事实，它们的成功应该被看成是许多短期成功的累加，而不是这些公司刻意追求卓越的结果。正如《纽约时报》的汤姆·莱斯特（Tom Lester）说的那样：“成败通常仅有一步之遥，并不像远看时那么界限分明、恒久不变。”展开来说就是要意识到，好的决策不一定总是能带来好的结果，不好的结果也不一定是错误决策的产物，因此要抵制仅仅根据结果进行归因的倾向。最后，要承认运气在公司成功中的作用。成功的企业不只是“运气好”，高业绩不是完全随机的，但是好运的确起作用，有时还是关键作用。

这些看起来让人灰心丧气，但其实并无必要。公司业绩取决于公司外部的许多因素这一事实不应该让我们绝望。幸运的是，还有许多堪称楷模的优秀经理人，他们看世界的眼光清晰准确，不被假象左右。他们不吹嘘自己光辉的职业生涯，也不谈诚信、正直、谦逊这类陈词滥调。尽管这些特质也十分重要，但他们不会声称只要做到这些就能确保成功。他们不将商业世界理想化。他们深知成功是准确判断、努力工作和些许运气的集合，清楚商业世界中再细微的变化也会带来全然不同的结果。我们要研究的执行官罗伯特·鲁宾、安迪·格鲁夫、格瑞诺·德卢卡（Guerrino de Luca）都非常成功，所以看起来我也是根据结果挑选样本，某种程度上的确如此。如果他们不是功成名就的话，我们也不会知道他们。但我选择他们并不是根据结果，不是因为他们的成功，而是因为他们的决策方式、管理方式，他们在做出风险抉择是如何睁大双眼并追求更卓越的执行的。这些方式值得任何一位经理学习。

罗伯特·鲁宾与概率管理

罗伯特·鲁宾或许是因为他为克林顿政府服务的 8 年岁月扬名

天下，他先是美国国家经济委员会的负责人，后担任财政部部长。在那以前，他在高盛投资银行（Goldman Sachs）工作6年，最终成为合伙人。在他的回忆录中，鲁宾写道："指导我从商和从政的根本观点是，没有任何事情能被证明是确定的。这个观点的一项推论就是概率决策。对我来说，概率思维不只是一项智力建构，还是根植在我心中的习惯和规则。"这种观点在他的大学时代开始形成，那时他学习哲学，学会了不要根据表面价值得出观点，而要用怀疑的思维模式思考读到和看到的东西。鲁宾的思维在华尔街得到磨砺，他发现了没有事情是确凿的，没有公式能带来成功。"成功是通过评估所有的现有信息，尝试判断各种结果的可能性，以及各种结果可能带来的成败得失。我的华尔街生活是建立在我每天做出的概率决策上的。"

鲁宾在高盛工作的大部分时间都活跃在风险套利这一领域，也就是在公司合并、资产剥离或者破产之类的重大事件发生时购入债券。这非常复杂，如果做好了利润十分丰厚。赌对了就能遥遥领先，赌错了就全盘皆输。风险套利难以进行精准计算，但涉及风险衡量。鲁宾回忆道："变化和不确定性让某些人为风险套利伤透脑筋。但不知为何，我能以理性的姿态对待它，套利工作很适合我，不仅是在性格上，还作为一种思维方式——它是一种精神训练……

风险套利有时意味着巨大损失，但如果你进行了适当的分析，没有卷入从众心理，你就有可能成功。偶尔的损失有时甚至大大超过了你最坏的设想，但也是这项业务的一部分。”

一笔令人难忘的交易发生在1967年，据说碧迪（Becton Dickinson）想收购医疗企业行业的竞争对手乌尼维斯（Univis）。按照换股合并协议，乌尼维斯的每股股价将从现有市场价格24.5美元上涨到大约33美元。这笔交易一经公布，乌尼维斯股价从24.5美元上涨到30.5美元后就停止了，反映出市场不确定这次并购会有何结果。这正是鲁宾所在部门要回答的问题。如果高盛相信这次合并最终会成功，就会以30.5美元的价格购入乌尼维斯的股票，等涨到33美元时就能享受利润；如果它认为这次交易会落空，就会抛光手上所有的乌尼维斯股票。精心计算之后，高盛购入了乌尼维斯的股票。如果交易顺利，高盛将会获得12.5万美元的利润，在1967年这可不是一笔小数目。但在几周之后，乌尼维斯的收益报告令人失望，碧迪撤回了合并计划，高盛最终损失67.5万美元，比它预期收益的5倍还多。出现了对高盛内部的讨论和指责，这种反应实属正常，因为人们常推断坏的结果一定源于不明智的决策。尽管结果不如人意，鲁宾知道不一定是他们的决策错了。他解释道：“一场巨大惨痛的损失并不意味着我们判断失误。正如任何精算业务一样，套利的本质是如果你正确估算了成功概率，就能在大多数交易上挣钱，而且总体上来看你进行的所有交易都赚了钱。如果你冒着 6 : 1 的风险，那么每 7 次交易你将会损失 1 次。在外人看来，我们的业务有些像赌博。事实上这与赌博正好相反，或者至少不是那种最业余的赌博。这是一项建立在仔细分析、严谨判断——这种判断通常是在巨大压力下做出的，以及平均律基础上的投资业务。”作为高盛公司一名促成交易的老将，罗伯特·鲁宾知道大约每 7 次交易就有可能 1 次不成功。他和同事当然也曾尝试提高他们的成功率，但经验告诉他们每 7 次交易就可能会有 1 次失败，这种概率是可以接受的。（如果损失率变得更低，可能暗示着高盛没有冒足够的风险，这同样会成为一个严重的问题。最优失败率不是 0，就像银行最佳借款额不是 0 一样。只要确保一项损失不会让公司倾家荡产就好！这种世界观建立在对概率的欣赏上，而非对确定性的追求上。）

如果一项巨大惨痛的损失也不意味着错误决策，那什么和错误决策有关呢？要回答这个问题，我们就要脱离光环效应，将最终结果放在一边，仔细观察决策过程本身。收集的信息是否正确，是不是忽略了某些重要的数据？这些假设合理吗，有没有缺陷？计算精确吗，有没有错误？是不是已经考虑了所有的可能性和它们的影响？高盛的整体风险组合是否经过充分考虑？这类将结果与努力分开的严谨分析对很多人来说并不是自然而然发生的。这需要多一点思考，根据行为的本身特点进行判断，而不是简单做出积极或消极的事后评判。这不是一件容易的事，却至关重要。只有经过清醒的评估，高盛才可能从这次事件中吸取教训，下次做得更好。对于鲁宾来说，这种思维模式十分正常。他写道："我曾遇到的一些人对待事情的态度似乎比我更确定。那种确定性不是我缺乏的一种性格特征，在我看来这是对现实本质的错误认知，没有认识到现实本身是复杂模糊的。依据这种认知做出的决策，看起来能带来最好的结果，实际基础却是不可靠的。"

鲁宾流露出对现实复杂性和模糊性的尊重，以及得意时的谦逊和失意时的坚持。这让他在高盛的岁月收获良多，在政府部门供职时获益匪浅。在政府部门工作时，他面临没有简单公式可套用的不确定抉择。在就任财政部部长当天，鲁宾就要针对墨西哥比索危机做出重要抉择。墨西哥政府拖欠债务的危机迫在眉睫，美国政府该不该进行干预，对墨西哥伸出援手？就像他做出风险套利的相关决策一样，鲁宾全面考虑了不同的选择。进行干预会有什么风险？这一举动会发出什么信号，会创下怎样的先例？不干预又会有什么风险？墨西哥政府会欠债吗，一旦欠债会给美国和全球货币体系带来怎样的负面影响？回答这些问题没有公式可循，只能仔细判断各种选择、可能性和后果，考虑到每项选择的大致概率，将其记在心里，形成最终决策的基础。这种方式不能保证成功，但旨在尽最大可能提高成功的概率。以能收集到的尽可能可靠的信息为基础，克林顿政府为墨西哥比索提供了其急需的经济援助，这有助于稳定市场，促使经济复苏。这项举措并非没有实质性的风险，也无法确保成功，但它的基础就是鲁宾赖以驰骋职场的冷静思考和概率估算。

安迪·格鲁夫和新科技赌博

高盛的风险套现涉及多宗交易，只要风险得到合理控制，没有一项交易的损失足以使得高盛倾家荡产。但企业同样面临着风险未知、多次成功也无法抵消一次失败的战略抉择。没有基准风险率可供参考，也无从了解潜在得失。有的公司只是偶尔面临这类抉择，但有的公司——特别是那些身处科技变化日新月异的产业的公司，这种抉择简直是家常便饭。

英特尔的安迪·格鲁夫正是这样一位面临不确定风险的经理人。他生于匈牙利，原名 Andraz Graf，幸免于希特勒的残暴统治后于 20 世纪 50 年代移民美国，从此成功难以确保、失败随时降临的观念就深植于他心中。他在加利福尼亚大学学习化学工程，毕业后进入繁荣的电子行业。1968 年，他和戈登·摩尔（Gordon Moore）、罗伯特·诺伊斯（Robert Noyce）离开仙童半导体（Fairchild），创立新的半导体企业英特尔公司。这是一项新兴产业，半导体技术发展迅速，摩尔曾说几乎每18个月芯片的容量就会翻倍。

1969年，创建仅一年的英特尔正与实力强大的得州仪器和莫斯泰克（Mostek）争夺一家主要生产64位内存芯片公司的订单。英特尔是7位竞标者之一，在经历艰苦卓绝的研发后，按格鲁夫的话来说就是赌上了性命，终于脱颖而出成功中选。对于一家刚成立不久的公司来说，64位内存芯片的研发是一项巨大的成功，但他们没有时间骄傲自满，因为对手正打算研发内存是如今4倍，即256位的芯片。新产品的研发再次攸关生死，而英特尔迎难而上，出色地完成了设计。接下来，竞争对手忙着研发新一代内存大于256位的芯片。为了打破常规，英特尔没有遵照逻辑推断的下一步去研发512位的芯片，而是超越竞争者直接研究1 024位的芯片，达到原先内存的4倍。这也是一种选择——特立独行，虽然有着潜在的益处，但同时也极具风险。它需要狐狸式的思维：灵活，带些许狡猾，既留心机遇也注意危险。格鲁夫回忆："这需要在科技方面来一场大赌博。"一旦做好决策，员工就得齐心协力——工程师、技术人员和制造专家就要在重压下执行战略。格鲁夫回忆当时的情形："我们中了头奖，这种芯片在市场上引发巨大轰动。"注意他的用词。格鲁夫提到“赌博”和“中头奖”的必要性，丝毫没有提及长盛不衰的蓝图或是万无一失的成功。格鲁夫认识到这些行为的风险和不确定性，也知道要想让公司暂时占有优势必须大胆冒险，再将优势运用到其他领域。这是一场经过精心计算的赌博，但终究还是赌博。

决定直接提前生产 1 024 位内存芯片只是英特尔这些年来做的冒险抉择之一。作为 CEO，格鲁夫持续关注业界动态，注意技术、对手和顾客的变化，收集可能对英特尔有用的信息。他写道：“要将周围的变化看作雷达显示屏上的亮点。最开始你不清楚亮点代表什么，但你要持续观察，注意它是否不断接近，它的速度是多少，它接近的轨迹是怎样的。即便它只是在你范围外围活动，你也要保持警惕，因为它的速度和轨迹可能会发生变化。”格鲁夫有关英特尔岁月的讲述，充满了在不确定情况下为了企业生存做出抉择的例子。这些抉择——这些战略性的赌博永远无法确保成功。但正如罗伯特·鲁宾所言，要提高成功概率，就要认真仔细地研究概率、自身能力、对手的动机和能力，做出能力范围内的最佳判断，并充分意识到虽然最佳决策也不一定能带来好的结果，但在竞争市场上不认真估计风险的话就一定会输。一旦下注，格鲁夫就奉行严格执行的信条。他解释道：“如果公司领导者不能或不愿意说清公司未来图景的话，又怎么能指望调动庞大的执行队伍齐心协力，接受各种不同的新任务，在充满不确定性的环境中工作，尽管未来难以预料还是愿意艰苦努力呢？”在这种情形下，狐狸让位于刺猬。

基于前期的成就，英特尔在20世纪70年代和80年代初期成为半导体产业的龙头老大，占据存储芯片市场的大片江山。但在20世纪80年代中期，英特尔再次遭受威胁，这次威胁来自日本公司。从绝对意义上说英特尔的业绩没有下跌，但同日渐崛起的日本对手相比的确有所下滑。1985年诺伊斯和格鲁夫再次做出大胆之举：彻底撤出存储芯片市场，将公司业务转移到循环周期更长、利润空间更大的微处理器上。这一举动风险很大，但回报也很丰厚。接下来几年，英特尔的销售额和利润扶摇直上，部分原因是它与微软公司的合作关系。在安迪·格鲁夫的领导下，英特尔持续占据微处理器市场压倒性份额，投入一代又一代功能强大、处理速度快的芯片，如286、386、奔腾等。

英特尔仅仅是运气好吗？我不这么认为。在各种决策过程中，格鲁夫都清楚地知道公司业绩的相对性。仅把事情做好是不够的，要做得比对手更好——这意味着冒险的必要性。1996年格鲁夫出版的《只有偏执狂才能生存》（*Only the Paranoid Survive*）是一本具有思想深度的入门书，能帮助经理认识战略转折点，即公司面临高度风险的生死关头。他展示了对行业动态、技术变革、精心计算后冒险的必要性的深刻理解。格鲁夫不相信那些确保成功的蓝图。乐意冒险的精神至关重要，心怀胆怯是不行的，这种精神在一定程度上由恐惧激发。格鲁夫评论道：

> 质量管理专家威廉·爱德华兹·戴明（W. Edwards Deming）提倡在公司内部消灭恐惧。我不太赞同这种想法简单的声明。经理最重要的作用就是创造一种工作环境，在其中的员工都能满怀激情地投入工作，以期赢得市场。恐惧在营造和保持这种激情上发挥了重要作用。对于竞争、破产、犯错和全盘皆输的种种恐惧都会成为强大的动力。

商业畅销书通常不会提及恐惧。无论在“从一贫如洗到家财万贯”的浪漫故事里，还是在“罗杰斯先生的邻居”的温馨世界中，恐惧都没有一席之地，在那里正义终将胜利，无须顾及对手的行动，一系列简单法则就能保证实现成功。恐惧不适合营造一个安心的睡前故事。但到目前为止，我们已经知道这类头脑简单的盲目自信建立在假象基础之上，不太可能带来最好结果。

赞赏安迪·格鲁夫的并不止我一人。2004 年，他被沃顿商学院提名为过去25年最有影响力的CEO。耶鲁管理学院前任院长杰弗里·加滕（Jeffrey Garten）更进一步，称格鲁夫为"后辈CEO的超级楷模"。为什么他获得的赞誉如此之多？不仅是因为英特尔的卓越成就——如果以股票表现衡量，其他公司同样表现出色，还因为格鲁夫随机应变、绝处逢生的能力。加滕写道，格鲁夫的天才之处在于，在全球化作用下商业环境剧烈变化时，他还能保持战略与执行一致。他经过深思熟虑后做出战略抉择，从不忽视其中的巨大风险。在执行方面，他总是给手下经理自主空间，但"他严格要求他们每走一步都要衡量业绩"。他要求经理们独立思考，不要盲从。哈佛商学院的理查德·泰德罗（Richard Tedlow）为格鲁夫写了卷帙浩繁的传记，称格鲁夫是"21世纪的经商楷模"，这不是因为格鲁夫像刺猬一样不屈不挠地遵照长期成功的蓝图，而是因为他对竞争环境中的细微变化保持警觉，能适应科技、竞争、规则、消费者等方面的变动。正如泰德罗所说："格鲁夫自觉进化以避免被自然法则淘汰。他强制让自己不断适应新的现实，从而废弃了一系列假设。"

即使是在20世纪90年代英特尔繁荣鼎盛之际，格鲁夫也从来不认为成功理所应当，从未失去作为匈牙利难民对迫在眉睫的失败风险的焦虑。他和哈佛商学院的克莱顿·克里斯坦森密切合作，致力于避免破坏性科技带来的创伤。他还与斯坦福商学院的罗伯特·伯格曼（Robert Burgelman）合作，伯格曼在 2002 年出版的《战略就是命运》（*Strategy Is Destiny*）一书中详细描述了英特尔的决策过程。如果一家公司对行业了如指掌，深谙管理之道，一路开拓创新，既有才能又有财富，那这家公司一定是英特尔。《纽约时报》评论："20 年来，英特尔是硅谷里最脚踏实地的公司。" 2005 年，英特尔全美市场资本总额排名第 7，超过 1 800 亿美元，利润排名第 18。

有了这些成就，英特尔是否认为自己将从此稳操胜券？并没有。与其他成功公司一样，英特尔努力寻找实现利润增长的新途径。它的对手 AMD（超威半导体公司）大举入侵市场，威胁到了英特尔在微处理器市场的统治地位，而个人电脑的市场增速也开始放缓。英特尔早期进军新市场的努力并未成功，进入数字电视市场的尝试失败，同时也没能及时发现芯片市场从追求速度转变为要求微处理器与其他技术结合。2005 年，《金融时报》报道："英特尔的信心建立在个人电脑的统治地位上，销售的 5 台电脑中有 4 台安装的是英特尔的芯片，然而上一年它的信心却被动摇了。"

需要采取什么措施提升业绩？当然是带有风险的战略抉择。2006 年，新任 CEO 波尔·欧德宁（Paul Otellini）宣布，英特尔将从微型处理器的传统核心转移到芯片和软件上来，将两者结合推向各领域的平台，从笔记本电脑到起居室应用到无线应用。伴随这次转型，英特尔也要重塑品牌，提出新的公司口号——“超越未来”（Leap Ahead）。这是一次大胆的转向，是和过去的决裂，在一些观察家看来似乎是对格鲁夫制定的路线的抛弃。对此，格鲁夫如何回应？他会指责英特尔的新举措偏离核心吗？正好相反。在英特尔高层领导的一次会议上，格鲁夫表示了他的强烈支持，宣称英特尔的新方向是“勇于冒险、纪律严明、结果导向这些英特尔价值观的最好体现之一”。是否能就此确保成功呢？很难说，英特尔的新战略风险重重。英特尔再次被迫面临抉择，要么进行自我改造，要么接受不断下跌的增长率和日益缩小的利润空间。聪明的公司懂得权衡，尽力提升成功概率，但即便如此它们依然面临着未知的命运，像安迪·格鲁夫这样明智的经理人非常清楚这一点。

审视罗技

作为最后一个例子，罗技（Logitech）这家公司既没有知名CEO，也没有连续35年的成功历史。它是全球顶尖电脑接口设备生产商之一，产品包括鼠标、键盘、外围设备、话筒等。它创立于瑞士，总部现位于加利福尼亚州弗里蒙特市，设计和生产业务遍布欧洲、北美和亚洲。身处一个竞争激烈的市场，罗技面临来自微软和英特尔的压力，但它依然表现出色。1999 年到 2005 年，罗技销售额增长了 3 倍，利润增长幅度更大。

我们应如何解释罗技的成功？它拥有优秀员工的说法很吸引人，客观来看或许的确如此，但我们知道只要一家企业业绩优秀，我们就很容易说公司员工具有种种优点。我们也会揣测它有优秀的企业文化，即使询问罗技员工，他们或许也会认为的确如此。但这种解释并不充分。成功的公司通常都被贴上企业文化优秀的标签，因为员工喜欢待在一支常胜的队伍，对未来充满信心。在顾客定位方面，解释起来也很简单，因为罗技销售额的快速增长一定说明了顾客喜爱它的产品（就像我现在使用的无线鼠标）。我们还会说罗技成功的原因在于它的战略集中专注，或许罗技的确专注于相对狭窄的产品范围，但在罗技究竟是因为专注而成功，还是因为成功而专注这一点上依然存在争议。别忘了还有领导力。我们总有理由推断一家发展迅速、利润可观的公司有杰出的领导者。我们也总能找到证据说明一位 CEO 有洞察力、能鼓舞人心、为人正直。但现在我们知道了更多。成功是相对而非绝对的，竞争者的模仿会带来优势的减弱。甚至明智的决策有时也会带来糟糕的结果——这不意味着决策失误。在一家公司施行的举措不一定在另一家公司有同样的效果。那么，我们应该如何解释罗技的成功呢？

2005年，我参加了一次罗技总裁和CEO格瑞诺·德卢卡的讲话。作为一名意大利人，德卢卡在美国有过丰富经历，任苹果电脑公司高级市场经理多年。我很好奇，他会用优秀的员工、强大的价值观、员工的士气来解释罗技的成就吗？事实上，德卢卡直截了当地从战略和执行两方面解释了罗技的成功和它面临的挑战，没有回避这两者固有的不确定性。他首先回顾了罗技曾做出的战略抉择主要关注一个方面，那就是连接人与科技的产品。在这个方面上，它强调设计、功能性和科技。它关注用户体验，希望设计出人们喜欢使用并乐于向朋友展示的产品。罗技明确地拒绝商品化的产品——德卢卡警告道："一旦你认为你的产品是商品，那它就会变成商品。"罗技拒绝打价格战，同时刻意将产品价格控制在可承受范围内，以便顾客在购买时不用反复考虑。它意识到科技革新的速度，于是充满干劲地要将自己的产品更新换代。德卢卡指出罗技不断"赶在市场前面杀掉下金蛋的鸡"。同时，它还避免将精力花在不太可能带来竞争优势的新产品上。德卢卡强调："你必须非常仔细地选择自己的竞争领域，并在该领域做到最好。我们已经无数次放弃那些明显的机会，拒绝进入快速发展的市场。为什么拒绝？要么是因为我们无法在其中展现自己的独特之处，要么是因为我们觉得自己的规模不适合那些市场。"这位经理人更加警觉，不断审视周围的竞争环境并据此做出抉择。罗技对创新的重视使得它在研发上花费巨大，德卢卡称这是“有意识做出的一项基本选择”。这些选择有风险吗？当然。你研究市场，了解竞争，观察潮流，审视自己的技巧和能力，然后再下赌注。用安迪·格鲁夫的话来说，罗技是不是有点“偏执”？的确如此。面对激烈竞争和快速变化，它不得不如此。

德卢卡同样强调执行的重要性。一旦做出战略抉择，关注点就转移到执行上了。他说：“我们很多次体会到，一项平庸的决策经过非凡的执行后带来了惊人的成功。”但德卢卡不仅仅是援引“执行”一词，他还指出了几项关键因素，正是它们让自己的公司在竞争环境中取得成功。一是方法和过程清晰明确的新产品研发，二是利用在北美和欧洲的配送中心进行供应链管理。罗技还重新投资最先进的生产基地，在中国也开了一家。除了重视战略与执行，德卢卡还认识到成功永远无法确保。他说，罗技上下员工齐心协力，共同避免骄傲自满：“我们强迫自己避免出现‘如果没坏就别管它’的症状。我们总是调整经营方式，组织结构和体系。很多成功公司都拒绝改变，然而我们却要促成改变。”罗技 CEO 认为自己在遵循长盛不衰的蓝图吗？并没有。但他做出的战略抉择都经过深思熟虑——决定做什么、不做什么，然后主次分明、方法明确、纪律严明地执行下去。

结语

罗技会一直繁荣下去吗？或许不会。市场竞争的残酷本质意味着无论是对罗技还是任何一家公司而言，实现卓越非常困难。这需要精明的决策、杰出的执行和良好的运气。保持卓越甚至难度更大，因为成功容易招来别人的模仿，有的公司愿意冒在别人看来有些愚蠢的风险，但有些冒险最终结果好得出人意料，甚至能扰乱领先企业。竞争的力量和技术的变革迟早会侵蚀罗技现有的位置。无论是在 2 年内还是 20 年内，只要它的业绩不再优秀，人们就会说这家公司犯了错误，或者 CEO 把一切都搞砸了；会说罗技应该增强这方面，减弱那方面；会说它偏离核心，或者过于拘泥核心。结果不佳的决策都会被批评为决策失误。总有诱惑促使我们讲一个让一切合情合理的简洁故事，说明为什么有的公司该赢，而那些所谓道德败坏或者骄傲自满的公司该输。

市面上永远会有书籍尝试解释优秀公司与众不同的原因，建议经理人们采取哪些措施才能让公司登上顶峰、加入卓越者行列、成为赢家、获得非凡成功。这些书良莠不齐，但经理人们依然会去读，想找到发人深省的新想法，希望发现能应用到自己公司的新事物。这种做法不仅是难以避免的，也是正常的。

本书的中心思想在于我们的商业思维被一系列假象左右，我希望经理人能带着批判的眼光阅读商业书籍，不被假象左右，他们内心深处的幻想和天真的希望能被现实冲淡。我尤其希望经理人们谨记：

- 如果自变量不是被独立测量的，我们或许已经身处齐腰深的光环之中。
- 如果数据充满光环，无论收集多少、分析看起来多么复杂都毫无意义。
- 成功往往不如我们所想的那样持久，在大多数情况下，长期成功只是事后选择产生的假象。
- 公司业绩是相对而非绝对的。一家公司业绩提升的同时也可能落于人后。
- 或许很多成功公司都大胆尝试，但大胆尝试不一定能带来成功。
- 任何声称找到商业物理定律的人，要么就是对商业一无所知，要么对物理学知之甚少，或者对两者都不了解。
- 寻找成功秘诀无法揭示商业世界的状况，却清楚表明了寻找者的期望和对确定性的渴望。

将假象一扫而空之后，我们接下来又该做什么？关于如何管理公司以取得优秀业绩，明智的经理人知道：

- 任何出色的战略都涉及风险。如果你认为战略万无一失，连傻子都能成功，那你就是傻子。
- 执行同样是不确定的。在一家企业、在这群员工中生效的措施在别处可能就有截然不同的结果。
- 机遇所起的作用比我们认为的要大，或者说比成功的经理人们认为的要大。
- 投入与结果的联系十分微弱，结果不好不一定意味着经理人犯了错，好的结果也不一定意味着他们表现得多么出色。
- 木已成舟之时，最优秀的经理人们表现得像是运气无关紧要，似乎坚韧不拔、不屈不挠才是一切。

以上这些能确保成功吗？当然不能。但我认为这会提高你的成功概率，这个目标更为合理，值得追求。这样一来你就不会发现自己身在热带岛屿的海滩上，疑惑为什么自己努力遵照成功的公式，运输飞机依然没有降落。

11

贪婪与经济大衰退

一个简单的规则指导我的买卖：在其他人贪婪时恐惧，在其他人恐惧时贪婪。

——沃伦·巴菲特（Warren E. Buffett）

2008年10月

2007 年《光环效应》出版时，我们并不知道自己即将面临全球经济的艰难时期。当时似乎所有经济领域都欣欣向荣。2000 年的互联网浪潮逐渐在记忆中消退，新一代公司开始引领潮流。2004 年谷歌上市，杰出的业绩表现令人赞叹。苹果公司正凭借 iPod（苹果公司推出的便携式数字多媒体播放器）蒸蒸日上，那时 iPhone（苹果手机）刚刚上市，iPad（苹果平板电脑）尚未发布。2006 年创立的推特（Twitter）越来越受到人们关注。2007 年夏季，股市创下新的历史纪录，10 月 11 日标准普尔 500 指数达到史上最高 1 576 点。

这是不是 2007 年最常见的被光环效应笼罩的例子？这些成功公司都被描述为具有天才般的战略，执行有力且关注客户。卓越业绩似乎成为优秀管理的自然结果。这看起来很有道理。

我们都记得接下来发生了什么。早在 2007 年，美国部分地区已经感受到住房危机带来的第一波震动，人们开始注意到顶尖金融机构出现大笔不明债务等无法掩盖的问题。2007 年夏季仍处于巅峰的股市在 2008 年大幅下跌，1 月初的标准普尔 500 指数是 1 456.36 点，到 8 月末已经降到 1 282.83 点，下降幅度为 12.5%。

随着 2008 年 9 月雷曼兄弟（Lehmann Brothers）破产，经济处于崩溃边缘，金融市场经历大跳水。标准普尔 500 指数骤降，11 月 20 日跌至 752.44 点，短短两个月内股票价值缩水超过 40%。美国陷入 20 世纪 30 年代以来最深重、最持久的经济衰退。直到 2013 年 4 月，标准普尔 500 指数才回升到危机前的水平。

一开始，人们把引发这场危机的责任归咎在信用违约互换、担保债务凭证（CDO）等神秘的金融工具上。当然，大多数人对这些金融工具究竟做了什么以及它们如何造成如此大的损失一无所知。这些复杂的金融工具既是引发金融危机的原因，也是金融危机的症状。即使应该承担部分指责，但这也只是把问题往后推了一步。最开始是什么导致了这些令人厌烦的金融工具的出现？我们需要更好的解释，一个简单且令人满意的解释。

很快答案就找到了。真正的问题出在贪婪上。

2008 年 12 月，就在贝拉克·奥巴马（Barack Obama）即将上任之时，他做出承诺："我们将打破这种贪得无厌、诡计多端的文化，正是这种文化让我们走到如今的境地。"梵蒂冈教皇本笃十六世（Pope Benedict XVI）曾叹息着说，"贪婪战胜了公共利益"。

一些人批判那些带来如此多债务的借贷者。前美国运通公司总裁哈维·戈卢布（Harvey Golub）就将次贷危机归咎到狂热购房者的“贪婪和愚蠢”上，他们本不应该购买自己难以负担的住房。但这只是少数派的意见，当然也并不是公众想要听到的解释。

人们将最猛烈的怒火集中在华尔街的金融奇才身上，正是那些银行家和金融工程师将经济引向崩溃边缘，同时还在大肆敛财，收取巨额费用和佣金。在威廉·科汉（William D. Cohan）看来，经济崩溃的原因正是“贪婪与漫不经心的致命性结合”，这导致抵押贷款证券风行。《纽约时报》的角谷美智子（Michiko Kakutani）表示赞同，认为经济危机的原因在于“充满鲁莽的重重贪婪”。

将罪责归在贪婪上看起来很合理。贪得无厌的银行家与金融家们在充实自己金库的同时，却给全世界的民众带来难以估量的损失。伯纳德·麦道夫（Bernard Madoff）和那群投资者本应明白可能造成的严重后果，但仍满足于不断获取高回报。除了贪婪，还有什么可以解释他们这种背叛行为呢？

接下来几年，贪婪一词被无数次提及，在金融危机相关书籍的标题中随处可见，以下是一些例子：

- 《疯狂的金钱》（*Fools' Gold: The Inside Story of J. P.*

Morgan and How Wall St. Greed Corrupted Its Bold Dream and Created a Financial Catastrophe），吉莲·邰蒂（Gillian Tett）著

- 《巨人的衰落》（*Crash of the Titans: Greed, Hubris, the Fall of Merrill-Lynch and the Near-Collapse of Bank of America*），格雷格·法雷尔（Greg Farrell）著
- 《大出卖：30 年华尔街金融阴谋》（*The Sellout: How Three Decades of Wall Street Greed and Government Mismanagement Destroyed the Global Financial System*），查尔斯·加斯帕里诺（Charles Gasparino）著
- 《鲁莽危害》（*Reckless Endangerment: How Outsized Ambition, Greed, and Corruption Led to Economic Armageddon*），格蕾琴·摩根森（Gretchen Morgensen），约书亚·罗斯纳（Joshua Rosner）著
- 《贪婪时代》（*Age of Greed: The Triumph of Finance and the Decline of America, 1970 to the Present*），杰夫·马德里克（Jeff Madrick）著

虽然戈登·盖柯（Gordon Gekko）说"贪婪是件好事"时另

有所指，但至少在用作书名时，“贪婪”一词的确不错。有趣的是，虽然书名出现了“贪婪”，随后的章节里却极少提及它。尽管在标题中使用了“贪婪”，但在整整253页的正文中她对此只字未提。她口中的贪婪意味着什么，它是如何使美梦破灭、招致灭顶之灾的，这些问题在书中并未得到解释。

即便如此，将财务危机归罪于贪婪依然是个令人满意的解释。2011年年末，在美国曼哈顿祖科蒂公园发生的占领华尔街运动（Occupy Wall Street movement）中，所有人都听到了这样的呼声。一位身着蓝色医院工作服的女性手持标语牌，上面写道：“作为一名注册护士，我受够了华尔街的贪婪。”另一个写道：“我的未来将去向何方？它就掌握在贪婪手上。”

一旦情况变得不如人意，我们总是容易寻找贪婪的例子作为原因。但如果我们不小心，这就会变成被光环效应影响的另一案例，只是这次不是用来解释成功，而是用来解读失败。通过回顾，我们当然总能找到贪婪的例子。美国消费者新闻与商业频道（CNBC）的查尔斯·加斯帕里诺在他的书中说，早在20世纪70年代，华尔街已经承担过度的风险。但如果贪婪的迹象在那时就已经如此明显，为什么记者们要花30多年才注意到它呢？为什么他们观察到肆虐的贪婪时没有将其公之于众，却让我们经历经济衰退的痛苦？答案很明显：只要利润滚滚而来，很少有人认为事情出现了差错。银行家和金融家们因他们对经济增长做出的贡献广受称赞。人们称赞他们让经济顺利运行，提高了人民生活水平，创造了大量财富。我们或许嫉妒他们的成功，但同时也赞赏他们的聪明才智——投资组合增值也使作为个人投资者的我们获益。在音乐播放时，很少人想把它叫停。

的确有部分观察家警告我们灾难正在逼近，纽约大学的鲁里埃尔·罗比尼（Nouriel Roubini）就是其中一人。然而只要经济看起来还算稳健，这些评论家的言论就会被当作危言耸听，他们不理解市场创造的奇迹。当然，一旦金融市场彻底崩溃，我们就会改变自己的观点——2009 年 3 月标准普尔 500 指数低至 683.38 点，在 6 个月内损失 46%，与 2007 年 10 月的最高值相比损失 56%，而时间只不过过去了一年半。如今我们采取了不同的视角。自始至终，热度最高的词就是“贪婪”——用角谷美智子的话来说就是“充满鲁莽的重重贪婪”。

会发光的不是贪婪

有些人将金融危机归咎于贪婪，这无异于以乔治·奥威尔《1984》的方式重写历史。托尼·施瓦茨（Tony Schwartz）在《赫芬顿邮报》

（*The Huffington Post*）中表达出的态度十分明确："在其最猖獗之时，贪婪凌驾于理性、判断力、权衡轻重的能力以及对可能带来的损害的担忧之上。"为了支持他的观点，施瓦茨引用了前华尔街和畅销书作家迈克尔·刘易斯（Michael Lewis）2002 年的文章《为繁荣辩护》中的话："一位亿万富翁为了再赚取 10 亿美元奉献生命已经堪称疯狂，但某些人正在不断重复这种举动。"施瓦茨的言下之意是追逐更丰厚的财富是项疯狂之举，但事实上的观点正好相反。刘易斯的著作写于互联网泡沫发生后，房地产泡沫开始之前，他实际上表明了追求利润是经济发展必不可少的因素。他的文章详细描述了他所谓的"恶行"的优点。市场运作建立在激励机制之上，这种机制"鼓励自私自利这一卑劣的人类特性"。这就是私有企业的本质。自由市场经济"将获利的欲望抬高至其他更崇高的欲望之上"。刘易斯承认，富人追求更多财富看起来的确有些疯狂，但他同时指出，这正是整个经济体系运转的动力。这样看来，市场兴衰造成的附带性破坏只是科技进步和实现更大利益所要付出的小小代价。

当然，刘易斯写书的年代是在互联网泡沫破裂以后。8 年过去，金融危机造成的损失更大，波及范围更广。伴随着经济大衰退，许多中部美国人流离失所，失业率达到近几十年来最高值，这个故事看起来又有些不同了。（刘易斯在他 2010 年出版的著作《大空头》[①]中谈及房地产市场的崩溃。）

毫无疑问，私有企业永远在追逐利益。发生变化的是将它限制在可控范围内的手段。加州大学洛杉矶分校法学教授琳恩·斯托特（Lynn Stout）谈到美国国会2000年通过的《商品期货现代化法案》（Commodities Futures Modernization Act），该法案解除了长期以来对无法防止既有损失的衍生品投资的禁令。她解释道："国会以'现代化'为名取消了这条百年规定，引发了场外衍生品市场上不计其数的道德风险。假设我们允许那些无耻之徒为他人房屋购买火灾保险，纵火案的犯罪率就会急剧上升。"斯托特总结道："可悲的是，贪婪是人性中永恒不变的特质。我们不可能在短期内将其消灭，但至少可以控制它。"她是对的。利益动机永远存在于私有企业中，如果追求利益是贪婪的标志，那么贪婪也将永远存在。金融危机的根源不是突如其来的欲望横流，而是人们不再愿意控制他们的利益动机。

要是如今的作者们在贪婪这一概念上争论不休，我们也不会对此感到意外。在柏拉图的《希帕恰斯篇》（*Hipparchus*）中，苏格

---

① 《大空头》中文版已由中信出版社出版。——编者注

拉底的朋友相信自己已经彻底理解这个概念：贪婪就是“对利益的永不满足的欲望”。但苏格拉底指出，理智的人都会追求利益，没有任何一个理智的人会寻求损失。如果贪婪是对利益永不满足的欲望，那么理智的人都是贪婪的人。在对话结束之前，苏格拉底完全颠倒了这一论断，他对朋友说：“你称之为贪婪的人正是那些追求美好的人。”无论是古希腊时期还是如今，贪婪都是一个难以明确的概念。一旦知道结果，我们就会迫不及待地给事实贴上标签，但却无法在事情发生的当下觉察真相。

字典也帮不上什么忙。《韦氏词典》（*Webster's Dictionary*）将贪婪定义为“一种过度渴望占有以致应受谴责的状态”。人类渴望占有吗？对许多人而言，答案是肯定的。这种渴望占有的冲动是在什么时候变得“过度”或“应受谴责”的？我们无从得知。在相同的经济形势下，这种冲动究竟是合理还是过度因人而异。贪婪是种便利的解释，带有令人满意的道德色彩。但作为对金融危机的合理解释，它是站不住脚的。

丰田之贪婪

通过事后回顾将责任归于贪婪的现象不只出现在金融世界中。2009 年，丰田已经是全球最大的汽车制造商，因其高质量产品享有空前的声誉。它成功地将自己先进的生产技术带到美国，在那里生产出上万辆世界级汽车。许多相关书籍都盛赞“丰田之道”，一种运用先进的统计学和行为学方法来统计质量的严谨方式。《哈佛商业评论》刊登了许多赞赏丰田的文章，最终汇编成2009年的《哈佛商业评论精选集之丰田的卓越制造》（*Harvard Business Review on Manufacturing Excellence at Toyota*），整整256页都在介绍这家全球产品质量领军企业。这本选集的封面介绍语都显得熠熠生辉：“很少有公司像丰田一样不断提出最佳管理举措。从战略业务设计和产品质量改进，到综合产品开发和管理培训，丰田通过持续创新取得辉煌成就。这本选集不仅展示了丰田是如何做的，还展示了如何运用丰田的经验实现企业成功。”

这些话语中是否暗含贪婪之意？当然有，而且还不少。

这正是为什么几例丰田汽车突然意外加速的事件被报道时，人们会感到如此惊讶。一开始这类报道还在少数，而且路上随处可见丰田汽车，因此问题并没有引起足够重视。随后更多此类事件被报道，其中2009年8月的一次撞车事故导致数名乘客丧生。事故原因在于汽车脚垫导致刹车踏板卡住了。这个问题技术含量不高，解决方法也无须使用高新科技。丰田对汽车进行了大规模召回，收回800万辆汽车以待检查。如果说召回的本意是要展现丰田对安全的承诺，最终效果却事与愿违。这次召回的规模就表明了该失误波及的范围之广。（这对丰田来说是必输局面。如果只召回部分汽车，丰田会被控诉为否认失误或是不愿意承担更大损失。如果大规模召回，这似乎坐实了这个问题的严重性和广泛性。）不幸的是，汽车脚垫这一因素并不能完全解释意外加速情况的发生。这个问题更为复杂，可能与引擎或控制汽车的电子器件和软件有关。这一现象原因不明，没有明确的解决方法。

公众希望得到一个令人满意的答案，答案很快就出现了。丰田的错在于贪婪。它被指责将利益置于安全之上。在众议院能源和商务委员会举行的听证会上，田纳西州退休社工朗达·史密斯（Rhonda Smith）描述了她所驾驶的雷克萨斯 350 是怎样在 40 号州际公路上突然加速，最高时速达到 90 英里（144.84 千米）的，她得出结论："丰田这么贪婪，实在太无耻了。"一个网址为 www.toyotacorporategreed.info 的网站被创建，它的出现加速了贪婪一词的传播。密苏里州的比尔·克拉克（Bill Clark）在《哥伦比亚论坛日报》（*Columbia Daily Tribune*）上写了一篇文章，标题为《贪婪使丰田声名狼藉》。克拉克驾驶丰田旗下的凯美瑞多年。如今他却谴责丰田过于贪婪，尽管他说只要丰田解决这个问题，他还会再次购买它的汽车。按朗达·史密斯的解释，痛苦的折磨因"上帝的干涉"结束了。车速慢了下来，她关闭点火装置然后靠边停车。在她看来，正是丰田的贪婪导致这次错误，而上帝的仁慈将错误纠正了过来。

与此同时，BBC（英国广播公司）开展了一项调查，并对调查结果做出如下总结："对许多人来说，丰田的经历不过是关于贪婪的老生常谈。它刚开始时是家小公司，目标十分简单：制造出能力范围内的最好产品。但随着公司在这个复杂的全球化世界中发展扩张，利益突破底线，占了上风。或许这个故事并不古老，直到今天它还在发生。"

2010 年 2 月，在公众愤慨的呼声达到顶峰时，丰田 CEO 丰田章男现身国会，称自己对这些事故的发生怀有"深深的歉意"，并对受害家庭致歉。他承认丰田"可能的确发展过快"，在追求企业规模扩大时疏忽了安全问题。当然，事后回顾时这么说当然轻而易举。而在丰田扩张进行得十分成功时，人们称它大胆而有远见，能将质量和规模相结合，为共同利益而努力。如今这却被视作出了问题，观察家们马上将其推断为贪婪。

事实上，丰田的问题究竟有多大？一名记者计算道，丰田召回事件的行为模式"将企业未来两年衰亡的概率从 0.019 07%（四舍五入就是 1% 的 19‰）提升到了 0.019 35%（四舍五入依然是 1% 的 19‰）"，仅仅是 0.000 28% 的变化。如此细微的变化会造成可接受的失误和贪婪的巨大差异吗？当然不会。如果国会真的想要减少道路交通事故，它应该处理醉酒驾驶和驾驶过程中使用手机的行为，这两项比汽车突然加速造成的事故要多得多。然而，这两种行为作为故事情节都不够吸引人。贪婪是个更好的说法。

在“深水地平线”上

距离丰田章男在国会山上做证后不过数周，位于墨西哥湾的英国石油公司深水地平线钻井平台发生爆炸，造成大规模石油泄漏，污染上百英里海岸，危害野生生物，对几个国家的经济造成严重损害。你可以猜到，参议院多数党领袖哈里·里德（Harry Reid）将事故根源归结为英国石油公司管理人员的贪婪。他声称：“无所顾忌地追求利益是毁灭性的，华尔街不是这种现象发生的唯一场所。（英国石油公司的）贪婪导致11人无辜惨死。这打击了旅游业，危害无数渔场的捕鱼业，扰乱墨西哥湾沿岸地区无数人的生活。”

这次石油泄漏事件发生在金融危机爆发后不久，引发了一波网络热议：谁是大反派，是高盛还是英国石油公司？网上的意见各异。一个回复是这么说的：“毫无疑问是高盛。高盛的企业经营完全受贪婪驱动，丝毫不顾及投资者的利益；而英国石油公司对利益的贪求只是这次灾难缺乏事前预防的部分原因，它毕竟为国家提供了必要的能源。”也有不少人认为英国石油公司的过错更大。有人强调:“英国石油公司因为贪婪引发了一系列灾难性事件，这家公司刻意回避安全健康条例，只为节省几英镑（虽然实际是数百万英镑），成千上万的海洋生物因此死亡。”

如果调查者们研究得更为深入，这些对英国石油公司贪婪的指责经得起推敲吗？答案或许是否定的。2010 年 11 月，负责调查泄漏事件的总统委员会首席调查官说，他没有找到任何证据证明英国石油公司在安全方面寻求捷径。小弗雷德·巴特利特（Fred H. Bartlit Jr.）反驳说，英国石油公司与它的合作伙伴瑞士越洋钻探公司（Transocean）、哈里伯顿公司（Halliburton）都走捷径来提高完井速度。巴特利特强调:“到目前为止，我们从未见过任何一个人有意识地将财富置于安全之上。”关于那些在平台上的工程师和工人，他说:“他们想要高效工作，不浪费钱，但并不想让同伴丧生。”委员会发现水泥发生问题是油井泄漏的主要原因，但问题关键点更为平淡无奇：深水井是极度复杂的系统，没有任何一个简单的失误或缺陷能负全部责任。事故原因错综复杂，有待进一步调查，更好的安全措施当然也必不可少。但如果把责任都归在贪婪上，我们什么也解释不了。我们忽视了更关键的问题。

从贪婪到自负

还有一个词常与贪婪成对出现：自负。自负来源于希腊神话，指的是被神惩罚的过度骄傲。当事情出现差错，我们很容易联想到自负。

为什么无数事实已经证明大部分收购都会失败，依然有执行官花费大量资金收购其他公司？最便利的解释就是自负，自负是一种认为无论做什么都会成功的错误信念。2009 年 11 月，迪拜世界集团（Dubai World）是阿联酋的高昂房地产项目和度假胜地开发商。随着房地产价格暴跌，迪拜世界集团意识到了本公司的过度扩张。《每日电讯报》（*The Telegraph*）的杰里米·沃纳（Jeremy Warner）写道："我和其他人一样对迪拜世界集团奇迹般的高速发展一直抱有高度的怀疑。它就像是穆罕默德·本·拉希德·阿勒马克图姆酋长（Sheikh Mohammed bin Rashid al-Maktoum）虚荣与自负的化身，长久以来它看起来就像定时炸弹，我们可以预料到意外即将发生。"沃纳或许的确对此充满质疑，但他和大多数人一样，在问题暴露后才将矛头对准虚荣和自负。事实上，在业绩飞速增长的时期，迪拜通常被形容为雄心勃勃，拉希德被称赞拥有远见卓识。只要业绩表现良好，没有人会提到自负。就像人们常说的"骄兵必败"。按照定义，那就是：没有失败，就没有自负。

自负和贪婪一样，有时在书名中十分显眼，在正文中却难寻踪迹。威廉·科汉关于贝尔斯登（Bear Stearns）的书籍广受好评，书名为《贝尔斯登：华尔街的荣耀、贪婪与毁灭》（*House of Cards: A Tale of Hubris and Wretched Excess on Wall Street*），然而自负（Hubris）仅仅在文中出现了一次，而且是一句引文。在将近 500 页的篇幅中作者从未提及这个词。如果金融崩溃的原因是自负和贪婪，具体过程只能留待我们自己猜想。

自负同样出现在英国石油公司油井泄漏事件的相关故事中。有的观察家联想到早期寻找原油的行为——当时是鲸油，以及亚哈船长对白鲸莫比·迪克的自我毁灭性的追捕，将英国石油公司的举动视为其现代版本。兰迪·肯尼迪（Randy Kennedy）在《纽约时报》中写道："在钻井平台爆炸发生的几周内，有人将这次灾难与 150 多年前麦尔维尔想象的原现代主义的举动对比，发现两者具有惊人的相似之处。这次泄漏也时刻提醒我们，时至今日，人类利用自然满足自身需要的能力依然有限。如今，在路易斯安那海岸 50 英里（80.47 千米）开外的地方，自负、破坏性与不懈追求造成的后果依然给人带来很深的启示。"或许的确如此，但在爆炸发生的几周前，没有任何人提到与自负相关的字眼。新闻报道总是强调技术怎样日益复杂精进，能够开采更偏远的石油资源，石油开采又如何安全高效。四维成像技术与定向钻井技术的进步不禁让人印象深刻，也值得人们对其大肆赞美——只要能够成功。当灾难降临，证据当然就会指向原现代主义式的自负。

作为解释，贪婪和自负在某种程度上显得十分有吸引力，因为它们暗含道德判断。当我们说人们表现得贪婪或者自负时，我们的言下之意是他们是因为自身的罪恶引起衰败。他们罪有应得。

到目前为止，我们已经知道存在着两个问题。首先，即使贪婪和自负的说法有任何合理性，也不能以事后结果做出推断。我们必须在看到贪婪与自负的迹象时就意识到它们的存在，但正如我们所看到的，这很难做到。其次，当将失败归结在贪婪与自负上，我们认为自己不会经历他人身上发生的灾祸。毕竟，这些词是形容他们而不是我们的。但贝尔斯登的垮台真的是由于贪婪和自负吗？雷曼兄弟真的是因为贪婪以致失败？如果是这样，我们就安心了——因为我们认为这些词在自己身上并不适用。而这其实是一个更严重的假象。

12

回到当前

“对作者而言文字只是工具……任何时候只要我坐下来写作，我的主要念头就是吸引读者并让读者思考。”

——亨特 · S. 汤普森（Hunter S. Thompson），给卡丽 · 涅夫泽格的信，1974
《惧恨美国》（*Fear and Loathing in America: The Brutal Odyssey of an Outlaw Journalist*），1968—1976

多年过去，我们可以在书中增加一些新故事。前面章节中提到的公司和领导者们在这些年都经历了什么？他们身上的光环是已然暗淡，还是依然熠熠生辉？

第 10 章中提到的安迪·格鲁夫，接受采访时他正敦促英特尔继续冒险。在半导体这样竞争激烈的行业中，科技变化日新月异，只有愿意冒险的公司才有机会存活下来。的确，偏执不一定总能带来成功，但正如格鲁夫在他的书名中所说的那样，只有偏执狂才能生存，任何幸存下来的公司或多或少都有些偏执。2006 年是这样，到了 2013 年就更是如此。2013 年，由于平板电脑、智能手机和云计算的日益普及，英特尔在个人电脑的微处理器领域面临着巨大压力。CEO 保罗·欧德宁宣布他将提前三年退休，原因是如今需要新的领导者。董事长安迪·布莱恩特（Andy Bryant）让员工们为即将发生的重大变化做好准备。他提醒道，过去成功不能保证未来获利。消费者在不断变化，英特尔也必须改造自身。在商业世界，公司业绩最好被理解成一个相对概念，战略抉择通常是在不确定的情况下做出的。正如格鲁夫所知道的，更大的错误在于自满。这套在早年被证明成功的逻辑，到如今依然成立。

给英特尔带来挑战的那些因素同样在侵蚀着罗技的成功。随着移动设备的兴起，竞技场不再是个人电脑领域，这使得罗技越发处境艰难。在一段时期内，它的业绩曾继续快速增长，销售额从 2002 年的 11 亿美元增长到 2008 年的 23.7 亿美元，利润也在稳步提升。然而在此之后，增速开始放缓。2011 年公司营业收入下跌，这不仅是因为经济衰退，更是因为消费者开始转向平板电脑、智能手机和其他不需要鼠标和外部设备的产品。在接下来的几年，罗技股价暴跌，2007 年年末股价还是 36 美元，2009 年年初就已经跌到不足 10 美元。2010 年年末，股价又回升到 20 美元，但很快又急转直下，在 2013 年年底反弹之前曾达到最低的 6.24 美元。

随着传统产品风光不再，罗技开始寻找新的产品。2013 年年初，它宣布要致力于研发移动设备和线上游戏。1998 年到 2008 年德卢卡兼任总裁和 CEO，如今他已成为董事会主席。他帮助罗技找到了新的发展方向，例如研发 iPad 键盘以及设计新一代网络摄像头。罗技还推出了 Harmony Ultimate 遥控器，能远程控制苹果和安卓手机。这是产品链的巨大转变，罗技减少了对传统个人电脑的依赖，希望通过转向平板电脑和智能手机实现新的成功。即便如此，万能遥控器依然是许多新创立的公司和其他竞争对手的开发目标。《科技博客》（*Tech Crunch*）的马特·伯恩斯（Matt Burns）报道："Harmony Ultimate 遥控器业务部的形势依然十分严峻。随着越来越多的智能手机制造商在它们的设备中加入红外端口，竞争会越来越激烈。如果说 Harmony Ultimate 的推出是参与竞争的一种征兆的话，罗技工程师和产品经理应该很清楚他们自己正在做什么。" 2014 年年初，这些措施已经有所成效，罗技股价再次回升。

英特尔和罗技命途多舛，考虑到它们所在的行业如此动荡，这不仅可以理解，同时也是不可避免的。即使是最明智的经理人在这一领域也无法一帆风顺。最优秀的公司会进行自我调整以适应变化的形势，通过冒险来应对新的挑战，而后坚持严格执行。两家公司并不是一路顺风顺水，但它们都坚持不懈，最终取得成功。

第 10 章中的罗伯特·鲁宾曾被当作明智判断的典范，如今却引发了新的争议。

从克林顿政府财政部离职后，鲁宾受桑迪·韦尔（Sandy Weill）聘请，成为花旗集团（Citigroup）执行委员会主席，年薪超过 1 500 万美元。在这个职位上，他开始写作自己的自传《在不确定的世界》，书中描述了他是如何借助概率来理解世界的。这种冷静的性格让他在高盛的岁月收获良多，在政府供职时获益匪浅。

20 世纪 90 年代鲁宾还在财政部工作，当时他是支持放宽衍生品交易限制的一员。其他人对此表达了深切的忧虑，沃伦·巴菲特颇具预见性地发出“巨大灾难风险”的警告。用巴菲特的话来说：“金融衍生品是大规模杀伤性金融武器，虽然它的潜在危险性如今还未显露，却可能是致命的。”巴菲特最终被证明颇有先见之明，在 2008 年金融危机爆发后，鲁宾辞去他在花旗集团的职位。他在任期内赚取了 1.26 亿美元，如今花旗集团因为大额亏损而岌岌可危。

2010 年 4 月，鲁宾在华盛顿向金融危机调查委员会（Financial Crisis Inquiry Commission）做证说，他任花旗集团执行委员会主席时，委员会成员很少开会，没有在“组织决策过程中发挥重要作用”。金融危机调查委员会主席，前加州财政部部长菲尔·安热利代斯（Phil Angelides）对这点提出质疑。要么就是鲁宾负责此事却错误估计其中牵涉的风险，要么就是他在至关重要的决策时刻缺席。安热利代斯说：“我清楚这无外乎两种情况的其中一种，要么就是你操控局面，要么就是你玩忽职守。”许多人公开对这次金融惨剧中发生的失误表示遗憾，包括美联储前主席艾伦·格林斯潘（Alan Greenspan），鲁宾却没有进行公开回应。财经记者威廉·科汉评论，鲁宾是“缺席者”，在行动至关重要的时刻他没有采取行动。

罗伯特·鲁宾在此次危机中扮演的角色令那些欣赏他的人——包括我在内，感到无从判断。根据结果做出回顾性的归因当然轻而易举。我们也很容易说是鲁宾傲慢或者自负的本性导致了他的失败。要评价这位处于金融危机中心的高盛公司前任执行官，有什么样的概括比贪婪更合理呢？这能编造出一个令人满意的故事，但未免过于简单。这种解释充斥这本书想要揭露的种种假象和简单思维。这种解释同样十分危险，因为它会带来一种虚假的安全感。我们通过相信自己不会犯同样的错误来安慰自己，毕竟我们不认为自己会在自负或者傲慢上栽跟头。

吝啬通常是比阴谋更好的解释，还有什么比这个解释更简单？

纵观鲁宾的职业生涯，他做出的正确决策比错误决策要多得多。在不确定情况下决策的能力帮助他在许多交易中获得成功，同时在少数交易上也会遭遇失败，就像第 10 章所述的那次碧迪公司的风险套现，以及 1995 年对百事可乐公司的干预。但是当谈及那些危害整个金融系统的决策时，人们会采取截然不同的判断标准，要考虑的不仅是失误的概率，还有其可能造成的后果。

在斯坦利·库布里克（Stanley Kubrick）1964 年的经典电影《奇爱博士》（*Dr. Strangelove*）中，一名空军将领违反军令，派出一队 B-52 轰炸机攻击苏联。美国总统要求一名美国参谋长联席会议成员对此做出解释："你们进行人性可靠性测试时曾向我保证过这种事情不可能发生。"该成员的回答没有乔治·斯科特（George C. Scott）的明显讽刺意味，却充满黑色幽默色彩："先生，我认为仅仅因为一个小失误而指责整个项目是不公平的。"

这当然是无稽之谈。当一个简单失误可能会造成致命后果时，无论它看起来多么微不足道，我们都要竭力避免。"从长远来看，确保成功多于失败"——这条风险管理的一般规则不再适用。我们如今的处境截然不同。这控诉了未能意识到金融灾难的可能性并加以防范的传统思维，也让我们更加清醒地意识到了解风险后果的必要性。

批评罗伯特·鲁宾和他在金融危机中的作为很正常。但如果我们将他或者其他任何人妖魔化，就会忽略最重要的一点。关键不在于这些人是不是傲慢、贪婪或自负，甚至是具有任何一项我们认为自己身上没有的缺点。通过回顾来进行归因轻而易举，但这让我们无法深入审视自己以及自己犯错的可能性。最重要的是，就算是那些长期功成名就、判断审慎明智的人也会放松警惕。如果结果有可能是灾难性的，即便是一个简单失误也要注意避免。我们要确保当事情出现差错时——虽然它们出现差错的可能性一直存在，造成的损害是有限的。

苹果公司，光环耀眼

事后发现光环是一回事，但我们能不能在当下就发现光环呢？事实上，我们常常能够做到。

没有比苹果公司身上的光环更加耀眼的了。多年来，《财富》杂志“全球最受尊敬公司”排行榜榜首一向是通用电气、沃尔玛、戴尔这类公司，从未见过苹果公司的身影。

然而随着 iPod 和 iPhone 大获成功，一切都发生了改变。2006 年，苹果公司上升到“全球最受尊敬公司”排行榜第 11 位。2007 年，由于公司业绩更加辉煌，苹果公司连跳四级到达第 7 名。“常胜将军”通用电气再次排名第一，紧随其后的是星巴克和丰田，当时丰田在产品质量和卓越制造上的声誉尚未受到影响。苹果的排名有些靠后，但上升势头迅猛。

2008 年，苹果超过其他公司成为榜首。正如《财富》描述的那样：“iPod 和 iPhone 的创造者设定了创新和大众吸引力新标准，这家公司受其挑剔严苛的 CEO 驱动，致力于让产品在各个方面都极尽完美。”《财富》对苹果公司和其首席执行官的赞美不绝于口：

> 苹果公司 10 年前看来还前景黯淡，如今却荣登榜首，这一切都要归功于它的 CEO 史蒂夫·乔布斯（Steve

> Jobs)。他一向在芯片和软件开发方面独具才能。但谁能想到他凭借便携式点唱机和市场份额只有个位数的电脑产品白手起家，最终建立起一家销售额高达 240 亿美元的公司呢？他的推销方式就像他造就 iPod 的成功一样简单：苹果的产品很好用，如果你购买不止一台，它们的效用会更好。

苹果公司不仅在总体评分上居于榜首，还在创新精神、产品质量和员工管理这几项上名列第一。在其他方面它的排名稍低，长期投资、对公司资产的合理使用、管理质量等几项排名第三，对社会和环境的责任心排名第五。

随着销售量和利润继续攀升，2009 年苹果公司稳居榜首。当计算机产业在经济大衰退的浪潮中挣扎时，苹果公司依然意气风发。在九项指标上，它在所有计算机企业中要么名列第一，要么排名第二。苹果公司不仅因为产品和员工受到赞赏，它的投资价值也广受好评。即便是一向不被认为是苹果公司首要关注点的社会责任感也评分极高。这就是光环效应的本质——对整体的感知影响对特定因素的判断。

从这以后，故事变得更加精彩。2010 年 iPad 的发布取得惊人成功，苹果继续独占鳌头。《财富》对此赞不绝口：“史蒂夫 · 乔布斯再次成功了：苹果连续三年摘得最受尊敬公司的桂冠。”不仅如此，苹果还凭借史上最大的差额胜出：“是什么让苹果备受推崇？产品，产品，产品！从购买音乐到设计与我们周围世界密切相关的产品，这家公司改变了人们做任何事情的方式。它的创新能力和顾客忠诚度为它赢得商业世界高层人士的极大尊重。”

2011 年，苹果连续第 4 年位居榜首。1 月乔布斯第二次宣布因病暂休时，它的股价经历了短暂波动，但除此之外，这家公司一直顺风顺水。这一年苹果的利润比上一年翻了一番，iPad2 的发布表明了其产品线十分完整。没有后来者能挑战它“全球最受尊敬公司”的称号，没有公司能够望其项背。

2011 年 8 月，乔布斯健康状况恶化，宣布从苹果公司辞职。人们再也无法假装这只是短暂的因病休假，大家认为乔布斯不会再次回归。要是观察家们预计该公司股价将大幅下跌，他们大可不必有此类忧虑。乔布斯早已将个人形象与公司形象相融合，无论其创始人是否在场，闪耀的光环依然在 2011 年照亮整家公司。2011 年 10 月乔布斯去世后，投资者和消费者并没有因此惶惶不安。他们密切关注苹果公司的收入和利润，而这两项数值依然强劲。

2012 年，在新任 CEO 蒂姆·库克（Tim Cook）的领导下，苹果公司已经连续第 5 年获得“全球最受尊敬公司”称号。在它身后的是其他科技引领者，包括谷歌和亚马逊，尽管它们同样让人推崇，却和苹果公司不是一个级别的。事实上，这一年苹果首次在九项指标上获得大满贯，不仅整体得分名列第一，各项得分也居于榜首。在人们看来，苹果的一切方面都极为出色——从产品到员工到投资价值到社会责任感。苹果的声誉如此积极正面，以至于扩展影响到每一项指标。

2013 年是苹果公司夺魁的第 6 年，它再次在各项得分上夺得第一。然而，裂痕开始逐渐出现。尽管《财富》对苹果长期位居榜首大加赞赏，但它同时也意识到这家公司声誉过高以至于名过其实。随着竞争对手们逐渐缩小产品差距，投资者们变得不再那么乐观。当时股市处在牛市，苹果股价相比 9 月的数额却下降了 35%。《财富》评论道：

> 《财富》开展的年度调查要求高管们选出他们最赞赏的公司，而苹果公司在评选中连续第 6 年荣登榜首。对一些人来说，这则消息是一个惊喜。最近的新闻头条似乎都在预示着苹果公司的灭亡，它们将苹果与微软这一威胁者进行对比，怀疑苹果是不是已经失去自己的独特优势。
>
> 尽管销量依然很高，但苹果产品的市场份额已经被对

手抢占。最糟糕的是，人们感觉，随着卓越领导乔布斯在2011年年末离世，只留下公众一无所知的管理团队，苹果公司似乎已经“漂移”了。

这些现象并不值得大惊小怪。简单来说，公司业绩是相对的而不是绝对的，竞争的本质意味着没有一家公司会永远领先，至少这不会发生在一个科技变化日新月异的行业。三星（Samsung）和华为（Huawei）都是手机制造方面的强力竞争对手。微软已经发布一款具有全新外观和触感的平板电脑，它借鉴了苹果干净利落的产品设计，而不是再次修改其 Windows 系统（微软公司研发的操作系统）。

然而人们的认知即便不太合理，却仍会持续下去。公司出色的业绩表现提高了人们的整体评价，一旦业绩开始下滑，评价往往也会同步下降。一旦苹果迅猛的增速开始放缓——这是不可避免的，很有可能它不是只有某几项评分下滑，而是多项评分下滑。光环给予你的一切，最后还是会被光环带走。

《财富》声称“全球最受尊敬公司”调查是“关于公司业绩最权威的报告”。它们评分的工作量之大令人印象深刻。合益集团（Hay Group）调查了 1.5 万名高级管理人员，让他们对九项不同指标进行评价。然而，《财富》并没有说这些特质的衡量标准是客观的。它清楚自己的调查只涉及人们的看法。正如合益集团对受访者说的那样:“调查中列出的只有这些特质的名称。我们只是说‘基于你对这些公司的第一手知识或是任何你观察到的、听到的信息进行评分’。因此，对特定行业中这些特质的含义做出解释的权利就完全交由受访者。”

这种调查方式会导致两个问题。

首先，尽管这看起来是个严谨的研究——上千名高级管理人员回答 9 个相互独立的问题，再将这些综合起来进行总体排名，它依然受到光环效应的严重影响。虽然受访者被问 9 个问题，但他们中的每个人不太可能对一家公司有 9 种不同的看法。更有可能的是一到两种总体印象被分别陈述了 9 次。此外，最重要的看法可能是根据总体财务业绩状况形成的。面对那些收入稳健、利润丰厚的企业，我们很可能会推测它们管理得力、产品质量高等。光环越是耀眼，我们就越可能发现这些特质之间联系紧密。这正是发生在苹果公司身上的现象，出色的财务业绩使它成为全球最受尊敬的公司。让我们回想一下，最开始它在社会责任感上的评分落于人后，但该项评分逐渐与其他项评分趋于一致，最终各项指标都名列第一。苹果公司真的变得更加关注富士康（Foxconn）等制造厂商的工作条件吗，即使富士康的员工受虐待和自杀事件已经成为新闻头条？它是否在想办法增加美国的就业机会？并没有。苹果公司在社会责任感一项上的高评分只是光环效应的结果。对于大多数人来说，看起来拥有高业绩的企业一定在各方面都表现出色。反过来想会让人不适——认识到这家公司可能在某些方面表现优异，但在其他方面表现不佳，这是认知失调的一个例子。

其次，同时也是一个更严重的问题，那就是这个调查在关于公司可以做什么来提高排名的问题上给出了错误的看法。在 2013 年的调查报告中，《财富》总结了过去 15 年的调查结果。以下是一些重点：

- 90% 的“全球最受尊敬公司”能够协调各个业务部门 / 子部门来实现共同的战略愿景，只有 78% 的竞争对手做到这一点。
- 94% 的“全球最受尊敬公司”的管理者和员工都被鼓励理智的冒险以提高效率，只有 77% 的竞争对手做到这一点。
- 79% 的“全球最受尊敬公司”的经理人清楚知道他们在战略实施方面扮演的角色和承担的责任，只有 58% 的竞争对手做到这一点。
- 61% 的“全球最受尊敬公司”采用规划好的职业任

务来培养有潜力的未来领导者，只有35%的竞争对手做到这一点。

- 82%的“全球最受尊敬公司”在与员工交流时定期强调薪酬策略，只有64%的竞争对手做到这一点。
- 94%的“全球最受尊敬公司”感觉到它们吸引员工的努力降低了人事变更率，只有67%的竞争对手有同样的感受。

因此，受此类暗示的影响，我们会得出这样的结论：想要成为全球最受尊敬的公司，企业应该协调各业务部门致力于实现共同的战略愿景，鼓励合理冒险，确保经理人清楚知道他们在战略实施方面扮演的角色和承担的责任等。正因为榜上有名的公司都是这样做的，我们似乎有理由相信，一家在这些方面有所改进的公司将很可能登上那份令人敬畏的名单。

问题在于，如果没有分别衡量这些特质，只是在某个时间点上横向收集数据，我们就无法确认究竟是这些特质使得人们对公司整体充满赞赏，还是要颠倒因果，正因为成功企业总体都受到褒扬，才认为它们在这些方面都表现出色。

业务部门的高度一致性和对角色与责任的清晰认知真的能带来

更好的业绩吗？这听起来很有道理，但是缺乏证据支持。还是说，情况正好相反，是公司良好的业绩才让我们认为各业务部门高度一致、人员的角色与责任沟通明确？事实上，这个解释更有可能。

但我们并非一无所获。最终我们可以回到第 10 章的结论上来。或许没有公式能确保业绩出色，但有两种方法能提高成功概率：明智的战略抉择和严谨的执行——这两项不是根据公司业绩推断，而是通过对它们的单独衡量而得出的。做到这两项，你就能提高成功的概率。

回到正题

为了把故事讲完整，让我们回到本书开头的例子上来。第 1 章首次提到乐高公司，当时它的业绩急速下跌，销售额骤降 26%，从 2002 年的 114 亿克朗跌到 2003 年的 84 亿克朗，而后继续下跌 20%，降到 2004 年的 79 亿克朗。原因是什么？我们被告知乐高偏离了它的核心。它忽略了自己的制胜之道。咨询师和行业专家提供了各种各样的改进建议，旨在恢复乐高的惊人优势。

这些解释共同构成了一个精彩的故事，但仔细观察就会发现，它并不完全正确。事实上，乐高从未抛弃自己的核心。它始终坚持自己的制胜之道——制造吸引孩子的可爱小玩具，如今还包括电子产品和《星球大战》、《哈利·波特》玩具等流行电影周边产品。

乐高最大的问题要更为简单：它的成本结构过于庞杂，这导致其无法有效控制成本来服务顾客。问题的根源很早就有了。随着乐高在繁荣发展时期不断扩张，它在世界各地都设立了生产部门，以更加贴近顾客。结果到2003年，乐高旗下有了大群杂乱无章的小工厂，但没有一家生产效率能达到世界级标准。为了满足顾客需求，乐高积木变得越来越复杂，如今公司已经有12 500库存量单位（stock keeping units，缩写为SKU）或者说不同的商品，颜色超过100种，要依靠11 000家供应商，数量极其惊人。由于生产分散，该公司仅在欧洲就需要4个地区分销中心——2个在法国，1个在德国，1个在丹麦，为超过1.4万家批发商和零售商提供配送服务。在欧洲，乐高通过11个物流运作点来管理产品流通，并与60家不同的运输公司合作，将产品从一个地方运输到另一个地方。孩子们依然喜爱乐高的产品，但该公司的供应链已经过时。产品依然保持着高质量，但制造和运输都跟不上。乐高也无法及时应对需求的季节性变动。由于整套流程十分复杂，乐高工厂的产能只有70%。乐高公司的座右铭“只有最好的才足够好”让其十分注重质量，但也带来了意想不到的副作用，那就是严重缺乏效率。

2004年开始，在新任总裁和CEO约根·维格·克努斯托普（Jørgen

Vig Knudstorp）的领导下，乐高启用了一套行动计划，目的是彻底转变各项业务活动。没有人呼吁要重新思考乐高的核心。其中最重要的举措被称为“大幅削减成本和提高效率的措施”。首先，乐高做出了一个痛苦的决定，要将制造外包或者将制造工厂迁址。它关闭了许多工厂，并在东欧和墨西哥设立了新工厂。在乐高总部丹麦比隆，超过900人被裁员。捷克的一家大型工厂被外包给伟创力（Flextronics）。乐高还彻底改革了分销和物流方面的业务。多个配送中心被合并为位于捷克的一个站点，由全球性物流公司DHL（敦豪航空货运公司）负责运营。

由于这些有利的举措，乐高业绩迅速提高，利润也很快回升。到2006年，乐高营业利润增长13.5%，实现了营业利润率目标。到2009年，它的销售额创下历史新高，达到115亿克朗，利润达到28亿克朗，比2008年增长了近40%。在高效供应链的支持下，乐高不断进行产品创新，如今乐高欣欣向荣。在2011年年度报告中，乐高以典型的丹麦式口吻轻描淡写地说道：“这一结果被认为令人十分满意。”第二年的业绩更加令人印象深刻，乐高创下了又一个销售纪录，业绩达到160亿克朗，赚取37亿克朗利润。随着销量飙升，在捷克和墨西哥的两家主要工厂的产能都有所增加。乐高终于从一家传统的丹麦公司完全转型为世界级的全球公司。

乐高能够扭亏为盈，很大程度上是因为运营效率的提高和卓越的执行。当然，如果我们不当心，就可能会认为任何一家销售额和利润高的公司都必定是高效的。我们可能会得出这样的结论：这家公司一定执行得力，并且以客户为中心。观察任何一家拥有惊人收益和利润的公司，我们可能很容易认为是产品设计师努力恢复了惊人业绩。这反映了一种简单化的思维方式，我们又从结果出发进行因果推断。事实上，乐高的卓越运营不仅仅能从结果推断，还可以通过产品质量、产出时间、订单完成率、单位成本等指标来客观衡量。

如今，乐高与本书开头描述的公司截然不同。我们很容易说乐高有更好的领导力，但这只是把问题往后退了一步。正是新任 CEO 和高管们的举措改变了这一切。同样地，说乐高变得更加以顾客为中心也是一个方便的解释，但仔细观察就会发现，乐高一直都在关注顾客。造成前后差异的原因是改进了公司内部对运营效率的关注。我们可能还会声称乐高的企业文化有所改进，就像内部调查很可能会显示士气增强那样，这些都是业绩改善的结果，而不是原因。我们完全可以预测到员工比 2004 年更快乐，对工作也更投入。当然如此。在其他条件相同的情况下，高业绩公司的员工总会有更高的满意度。

究竟什么才是公司业绩的真正驱动因素？那就是最基本的两项。一是战略，要做出明智的抉择；二是执行，要坚持不懈地推行。这正是乐高所做的。

正如权威人士、记者和那些自称专家的人做的那样，你可以将光环加于任何事物上，但真相往往比光环更简单。我们要做的是更清楚地看清真相。

附录

以下表格旨在支持第6章中对《追求卓越》《基业长青》两本书中提及的对公司财政业绩的分析。

表1A

本表展现了彼得斯和沃特曼研究结束后5年内和10年内，35家卓越公司的总体股东回报率（将红利再次投资后的股价变化，以百分比形式表现）。1980年到1984年，标准普尔500指数增长99.47%；1980年到1989年，标准普尔500指数增长403.4%。每家公司的业绩涨跌按时间段分类。如果公司业绩增幅高于标准普尔500指数，则用“+”标记；如果公司业绩增幅低于标准普尔500指数，则用“－”标记。1980年到1984年，12家公司业绩增幅超过标准普尔500指数，23家不及；1980年到1989年，13家公司业绩增幅超过标准普尔500指数，18家不及。

35 家卓越公司 1980—1984 年和 1980—1989 年间总体股东回报率（%）

		1980—1984		1980—1989	
	标准普尔 500 指数	99.47%		403.40%	
1	3M	99.06	−	380.79	−
2	艾伦 – 布拉德利	206.89	+	460.36	+
3	阿姆达尔公司	11.38	−	149.76	−
4	雅芳	−15.35	−	95.32	−
5	百时美公司	235.09	+	750.96	+
6	卡特彼勒公司	−29.62	−	40.61	−
7	旁氏	94.47	−		
8	德纳公司	104.46	+	225.68	−
9	通用数据公司	114.12	+		
10	DEC	60.80	−	138.11	−
11	陶氏化学公司	15.92	−	438.65	+
12	杜邦	66.79	−	408.84	+
13	柯达公司	90.70	−	203.55	−
14	爱默生电气集团	141.69	+	478.65	+
15	福陆公司	−34.76	−	72.64	−
16	乐事公司	114.06	+	967.85	+
17	普惠	135.08	+	237.46	−
18	休斯飞机公司	−39.80	−		
19	IBM	141.02	+	119.70	−
20	英特尔	65.93	−	206.68	−
21	强生	56.45	−	476.32	+
22	凯马特	83.99	−	227.08	−
23	李维斯	−11.39	−		
24	美泰公司	156.85	+	459.34	+
25	麦当劳	189.85	+	822.66	+
26	默克	53.57	−	750.88	+
27	美国国家半导体	54.33	−	−5.78	−
28	宝洁	95.17	−	474.78	+
29	瑞侃	1.81	−	91.94	−
30	斯伦贝谢	0.27	−	52.10	−
31	标准石油	74.75	−	368.07	−
32	得州仪器	48.91	−	45.74	−
33	沃尔玛	800.28	+	4269.51	+
34	迪士尼	46.90	−	1038.73	+
35	王安电脑公司	213.97	+	−34.2	−
	高于标准普尔 500 指数的公司		12 家		13 家
	低于标准普尔 500 指数的公司		23 家		18 家

数据来源：Compustat。

表1B

本表比较了 35 家卓越公司在彼得斯和沃特曼研究开始前 5 年和研究结束后 5 年的业绩（运营收入占总资产的百分比）。研究结束后，35 家公司中有 30 家利润率下降，与根据高业绩挑选出的公司后来会退步的想法吻合。只有 5 家公司利润率上升，分别是艾伦 – 布拉德利、惠普、IBM、麦当劳和沃尔玛。

35 家卓越公司 1975—1979 年和 1980—1984 年间利润表现（%）

		1975—1979	1980—1984	
1	3M	21.90	21.00	–
2	艾伦 – 布拉德利	9.3	10.3	+
3	阿姆达尔公司	21.2	5.7	–
4	雅芳	33.8	20.4	–
5	百时美公司	21.6	21.2	–
6	卡特彼勒公司	18.1	3.2	–
7	旁氏	20.7	19.5	–
8	德纳公司	18.2	11.6	–
9	通用数据公司	20.6	9.4	–
10	DEC	14.9	11.9	–
11	陶氏化学公司	14.5	6.5	–
12	杜邦	14.0	13.8	–
13	柯达公司	21.6	16.9	–
14	爱默生电气集团	24.1	22.8	–
15	福陆公司	16.1	7.3	–
16	乐事公司	16.6	14.8	–
17	普惠	18.8	19.4	+
18	休斯飞机公司	17.5	10.6	–
19	IBM	23.4	23.7	+
20	英特尔	29.8	10.1	–
21	强生	20.1	17.4	–
22	凯马特	16.2	9.7	–
23	李维斯	29.4	20.0	–
24	美泰公司	37.3	27.5	–
25	麦当劳	17.8	18.1	+
26	默克	24.4	18.5	–

（续表）

		1975—1979	1980—1984	
27	美国国家半导体	16.1	5.0	-
28	宝洁	18.3	17.4	-
29	瑞侃	15.0	13.2	-
30	斯伦贝谢	23.2	20.2	-
31	标准石油	19.4	15.8	-
32	得州仪器	15.4	8.4	-
33	沃尔玛	18.4	19.8	+
34	迪士尼	15.7	10.0	-
35	王安电脑公司	15.3	13.8	-
				增长：5 家 下跌：30 家

数据来源：Compustat。

表2A

本表展示了柯林斯和波勒斯研究结束后 5 年内和 10 年内，17 家高瞻远瞩的公司股东总回报率的变化（将红利再次投资后的股价变化，以百分比形式表现）（注：柯林斯和波勒斯的研究于 1979 年年底结束，所以后续时期从 1980 年 1 月开始）。1991 年至 1995 年间，标准普尔 500 指数增长了 115.44%，8 家公司业绩增幅超过此数值，9 家公司不及。1991 年至 2000 年间，标准普尔 500 指数增长了 399.78%，6 家公司业绩增幅超过此数值，10 家公司不及。

17 家高瞻远瞩的公司 1991—1995 年，1991—2000 年间市场表现（%）

		1991—1995		1991—2000	
	标准普尔 500 指数	115.44		399.78	
1	3M	82.32	-	290.1	-
2	美国运通	168.03	+	1 027.59	+
3	波音	92.96	-	245.81	-

（续表）

		1991—1995		1991—2000	
4	花旗公司	480.49	+		
5	福特	167.66	+	611.18	+
6	通用电气	76.61	-	152.42	-
7	惠普	456.53	+	884.07	+
8	IBM	-4.95	-	266.39	-
9	强生	163.71	+	593.59	+
10	默克	149.37	+	675.95	+
11	摩托罗拉	352.69	+	399.69	-
12	诺德斯特龙	91.10	-	82.12	-
13	菲利普·莫里斯	114.53	-	302.09	-
14	宝洁	114.28	-	338.25	-
15	索尼	65.26	-	283.58	-
16	沃尔玛	51.11	-	643.67	+
17	迪士尼	139.46	+	264.76	-
	高于标准普尔 500 指数的公司		8 家		6 家
	低于标准普尔 500 指数的公司		9 家		10 家

数据来源：Compustat。

表2B

本表比较了 17 家高瞻远瞩的公司在柯林斯和波勒斯研究开始前 5 年和研究结束后 5 年的利润表现（用运营收入占总资产百分比表示）。其中 5 家公司利润率上升，11 家下降，1 家不变。

17 家高瞻远瞩的公司 1986—1990 年，1991—1995 年间利润表现（%）

		1986—1990	1991—1995	
1	3M	20.3	16.9	-
2	美国运通	5.0	1.5	-
3	波音	5.2	8.3	+

（续表）

		1986—1990	1991—1995	
4	花旗公司	2.5	3.8	+
5	福特	9.7	5.3	−
6	通用电气	6.3	3.7	−
7	惠普	12.6	12.2	−
8	IBM	12.5	5.5	−
9	强生	19.4	19.4	持平
10	默克	28.2	24.5	−
11	摩托罗拉	9.3	11.4	+
12	诺德斯特龙	15.4	13.1	−
13	菲利普·莫里斯	17.4	18.6	+
14	宝洁	11.8	13.3	+
15	索尼	5.1	3.1	−
16	沃尔玛	20.1	13.4	−
17	迪士尼	16.6	13.1	−
				增长5家 下跌11家

数据来源：Compustat。

表3A

与表2A相似，本表展示了股东总回报率（将红利再次投资后的股价变化，以百分比形式表现），但是列出的是柯林斯和波勒斯研究中的对照组公司。这些公司数量比高瞻远瞩的公司少，因为有的公司为私人所有，有的则被收购了，因此直接比较这两组公司有些困难。尽管如此，表中数据显示1991年至1995年间，7家对照组公司业绩超过了标准普尔500指数，5家公司不及。1991年至2000年间，6家公司业绩超过市场平均水平，3家公司不及。

12 家对照组公司 1991—1995 年，1991—2000 年间市场表现（%）

		1991—1995		1991—2000	
	标准普尔 500 指数	115.44		399.78	
1	富国银行	269.00	+	1 288.97	+
2	麦道	683.86	+		
3	大通曼哈顿银行	630.98	+		
4	通用汽车	76.61	-	152.41	-
5	西屋电气	-32.41	-	148.94	-
6	得州仪器	192.22	+	2 112.43	+
7	伯勒斯 / 优利系统	120.00	+	485.00	+
8	百时美	57.63	-	500.09	+
9	辉瑞制药	250.94	+	1 521.54	+
10	真力时	3.77	-		
11	麦尔维尔	-12.43	-	310.21	-
12	高露洁	115.65	+	755.90	+
	高于标准普尔 500 指数的公司		7 家		6 家
	低于标准普尔 500 指数的公司		5 家		3 家

数据来源：Compustat。

表 3B

与表 2B 相似，本表比较了 12 组对照公司在柯林斯和波勒斯研究前 5 年和后 5 年的利润表现（用运营收入占总资产百分比表示）。所有数据以百分比显示。数据显示，在研究结束后 5 年，8 家公司利润率上升，4 家公司下降。

12 家对照组公司 1986—1990 年，1991—1995 年间利润表现（%）

		1986—1990	1991—1995	
1	富国银行	2.1	3.0	+
2	麦道	5.1	8.2	+
3	大通曼哈顿银行	1.3	1.7	+

（续表）

		1986—1990	1991—1995	
4	通用汽车	5.3	4.1	−
5	西屋电气	9.1	5.9	−
6	得州仪器	4.5	9.6	+
7	伯勒斯 / 优利系统	4.4	6.2	+
8	百时美	22.8	26.2	+
9	辉瑞制药	13.6	16.6	+
10	真力时	−0.8	−7.4	−
11	麦尔维尔	21.6	13.1	−
12	高露洁	11.3	14.5	+
				增长 8 家 下跌 4 家

数据来源：Compustat。

致谢

首先，我要感谢我在瑞士洛桑国际管理学院（IMD）的好友兼同事戈登·阿德勒（Gordon Adler）。在过去几年中，他一直倾听我谈论这本书中的某些主题，并鼓励我将它们写下来。我的妻子劳拉·罗森茨魏希（Laura Rosenzweig）和父亲马克·罗森茨魏希（Mark Rosenzweig）阅读了该书前几章的草稿，并给予了评论和鼓励。其他同事阅读了不同的章节并给予热情的回应：感谢丹·丹尼森（Dan Denison）、彼得·基林（Peter Killing）和约翰·沃尔什（John Walsh）。我要对以下这些人致以最深切的感谢，他们详细阅读了整部手稿（有的甚至不止一次）并给出了非常宝贵的评论，包括比尔·菲舍尔（Bill Fischer）、托米·拉玛宁（Tomi Laamanen）、安妮塔·麦加恩（Anita McGahan）、迈克尔·雷诺（Michael Raynor）、马克·罗森茨魏希和汤姆·福尔曼（Tom Vollmann）。我感谢他们花费时间和精力对我的假设提出质疑，指出我的错误，使我的思维更加敏锐，并提出改进的想法。这本书的质量因他们的贡献而大大提升。

IMD 是一家位于瑞士洛桑的国际管理发展研究所，是全球领先的管理研究和教育中心之一，我从 1996 年开始在这里任教。总体而言，IMD 是一个实践性很强的机构，对商业理念及其在现实世界中的应用充满好奇。这种精神培养了我的思维方式，最终促成这本书问世。我非常感谢过去 10 年一直担任 IMD 院长的彼得 · 洛朗厄（Peter Lorange）和吉姆 · 埃勒特（Jim Ellert）。我还要感谢同事们的友谊和支持，感谢他们让我在平衡国外家庭生活的同时为学院做出贡献。没有多少机构会具备如此灵活而充满建设性的态度，而 IMD 做到了。对此，我和我的家人表示感谢。

在过去的两年中，马林 · 弗雷（Marine Frey）始终协助我寻找文章和图书馆书籍的出处、整理装订好的草稿和管理信件。她有着高效、可靠和谨慎这些瑞士人的典型特质，同时也具有我所欣赏的乐观、不恭和近乎狡黠的幽默感。IMD 信息中心主任约翰 · 埃万斯（John Evans）以及全体员工在收集文章方面提供了莫大帮助，尤其是约翰，他与标准普尔公司（Standard & Poor's）合作，在收集附录和第 6、7 章中出现的 Compustat 数据上发挥了重要作用。

我的作品经纪人丹尼尔·比亚尔（Daniel Bial）从一开始就对这个项目充满信心。从最初接触到最终完稿，在整个过程中他都是一个出色的合作伙伴。自由出版社（Free Press）的弗雷德·希尔斯（Fred Hills）提供了许多想法，这些想法对手稿的修改起到了重要作用。我非常感谢他们的建议和支持。如果没有丹尼尔和弗雷德，我可能还会自言自语地说着伪装成科学的故事。同时还要感谢自由出版社中帮助编辑、设计和制作这本书的人们，包括马蒂·贝瑟（Marty Beiser）、皮尔·梅特卡夫（Phil Metcalf）、达维娜·莫克（ Davina Mock）和埃里克·富恩特西利亚（Eric Fuentecilla）。

有关本书2014年版，我要感谢西蒙舒斯特公司（Simon & Schuster）的本·洛恩（Ben Loehnen）和布里·维德（Brit Hvide）。

在结束之前，我想对在我人生重要时刻对我影响最大的一些老师表示感谢：伯克利高中的唐纳德·斯朗普（Donald Schrump）和戈登·杰克逊（Gordon Jackson, 1945—1971），来自加州大学圣巴巴拉分校的罗伊·萨维亚（Roy Savoian）和威廉·埃布斯泰因（William Ebenstein, 1910—1976），宾夕法尼亚大学的约翰·金伯利（John Kimberly）、肯文·史密斯（Kenwyn Smith）和爱德华·鲍曼（Edward Bowman,

1925—1998)。我衷心感谢他们所有人的指导和他们树立的榜样。

最后，我要特别感谢我亲爱的妻子劳拉，她意识到我对这个项目充满乐趣，从来没有因被我在隔壁房间敲键盘的声音吵醒而抱怨。

参考文献

书籍

Aronson, Eliot. *The Social Animal,* 5th ed., New York: W. H. Freeman & Co., 1988.

Barham, Kevin, and Claudia Heimer. *ABB: The Dancing Giant.* London: FT Pitman Publishing, 1998.

Berlin, Isaiah. *The Hedgehog and the Fox: An Essay on Tolstoy's View of History.* Chicago: Elephant Paperback, 1993.

Booker, Christopher. *The Seven Basic Plots: Why We Tell Stories.* London: Continuum Books, 2004.

Bossidy, Larry, and Ram Charan, with Charles Burck. *Execution: The Discipline of Getting Things Done.* New York: Random House Business Books, 2002.

Burgelman, Robert A. *Strategy Is Destiny: How Strategy-Making Shapes a Company's Future.* New York: Free Press, 2002.

Carlin, George. *When Will Jesus Bring the Pork Chops?* New York: Hyperion, 2004.

Carroll, Paul. *Big Blues: The Unmaking of IBM.* New York: Crown Publishers, 1993.

Christensen, Clayton M. *The Innovator's Dilemma: When New Technologies Cause Great Firms to Fail.* Boston: Harvard Business School Press, 1997.

——, and Michael E. Raynor. *The Innovator's Solution: Creating and Sustaining Successful Growth*. Boston: Harvard Business School Press, 2003.

Cohan, William D. *House of Cards: A Tale of Hubris and Wretched Excess on Wall Street*. New York: Doubleday, 2009.

Collins, James C., and Jerry I. Porras. *Built to Last: Successful Habits of Visionary Companies*. New York: HarperBusiness, 1994.

Collins, Jim. *Good to Great: Why Some Companies Make the Leap . . . and Others Don't*. New York: Random House Business Books, 2001.

Derman, Emanual. *My Life as a Quant: Reflections on Physics and Finance*. New York: John Wiley, 2004.

Feynman, Richard P. *The Pleasure of Finding Things Out: The Best Short Works of Richard P. Feynman*. London: Penguin Books, 1999.

Foster, Richard N., and Sarah Kaplan. *Creative Destruction: Why Companies That Are Built to Last Underperform the Market–And How to Successfully Transform Them*. New York: Currency, Random House, 2001.

Gasparino, Charles. *The Sellout: How Three Decades of Wall Street Greed and Government Mismanagement Destroyed the Global Financial System*. New York: HarperBusiness, 2009

George, Bill. *Authentic Leadership: Rediscovering the Secrets to Creating Lasting Value*. San Francisco: Jossey-Bass, 2003.

Ghemawat, Pankaj. *Commitment: The Dynamics of Strategy*. New York: Free Press, 1991.

Gould, Stephen Jay. *Full House: The Spread of Excellence from Plato to Darwin*. New York: Three Rivers Press, 1996.

Grove, Andrew S. *Only the Paranoid Survive: How to Exploit the Crisis Points That Challenge Every Company*. New York: Doubleday, 1996.

Guralnick, Peter. *Last Train to Memphis: The Rise of Elvis Presley*. New York: Little, Brown, 1994.

Hayward, Mathew. *Ego Check: Why Executive Hubris Is Wrecking Companies and Careers and How to Avoid the Trap*. New York: Kaplan Business, 2007.

Harvard Business Review on Manufacturing Excellence at Toyota. Boston: Harvard Business School Press, 2009.

Hitchens, Christopher. *Letters to a Young Contrarian.* New York: Basic Books, 2001.

Joyce, James. *Ulysses, the Corrected Version.* New York: Random House, 1986.

Joyce, William F., Nitin Nohria, and Bruce Roberson. *What Really Works: The 4+2 Formula for Sustained Business Success.* New York: HarperBusiness, 2003.

Kotter, John, and James Heskett. *Corporate Culture and Performance.* New York: Free Press, 1992.

Levitt, Steven D., and Stephen J. Dubner. *Freakonomics: A Rogue Economist Explores the Hidden Side of Everything.* New York: Penguin, 2005.

Liker, Jeffrey K. *The Toyota Way: 14 Management Principles from the World's Greatest Manufacturer.* New York: McGraw Hill, 2003.

Liker, Jeffrey K., and Michael Hoseus. *Toyota Culture: The Heart and Soul of the Toyota Way.* New York: McGraw Hill, 2008.

Marcus, Alfred A. *Big Winners and Big Losers: The Four Secrets of Long-Term Business Success and Failure.* Upper Saddle River, N.J.: Pearson Education Inc., 2006.

Micklethwait, John, and Adrian Wooldridge. *The Witch Doctors: What the Management Gurus Are Saying, Why It Matters, and How to Make Sense of It.* London: Heinemann, 1996.

Murphy, James D. *Flawless Execution: Use the Techniques and Systems of America's Fighter Pilots to Perform at Your Peak and Win the Battles of the Business World.* Regan Books, 2005.

O'Reilly, Charles III, and Jeffrey Pfeffer. *Hidden Value: How Great Companies Achieve Extraordinary Results with Ordinary People.* Boston: Harvard Business School Press, 2000.

Packer, George. *The Unwinding: An Inner History of the New America.* New York: Farrar, Straus, and Giroux, 2013.

Paine, Lynn Sharp. *Value Shift: Why Companies Must Merge Social and Financial Imperatives to Achieve Superior Performance.* New York: McGraw-Hill, 2003.

Peters, Thomas J., and Robert H. Waterman Jr. *In Search of Excellence: Lessons from America's Best-Run Companies*. New York: Warner Books, 1982.

Peters, Tom. *Liberation Management: Necessary Disorganization for the Nanosecond Nineties*. London: Pan Books, 1992.

Pinker, Stephen. *How the Mind Works*. London: Penguin Books, 1997.

Plato. *Plato, Complete Works*. John M. Cooper, ed. Indianapolis: Hackett Publishing Company, 1997.

Rubin, Robert E., and Jacob Weisberg. *In an Uncertain World: Tough Choices from Wall Street to Washington*. New York: Random House, 2003.

Schumpeter, Joseph. *Capitalism, Socialism, and Democracy*. New York: Harper, 1942.

Shaw, George Bernard. *Pygmalion*. London: Penguin Books, 1916.

Simon, Herbert A. *Models of My Life*. New York: Basic Books, 1991.

Taleb, Nassim Nicholas. *Fooled by Randomness: The Hidden Role of Chance in Life and in the Markets*. New York: Texere, 2004.

Tetlock, Philip E. *Expert Political Judgment: How Good Is It? How Can We Know?* Princeton, N.J.: Princeton University Press, 2005.

Tett, Gillian. *Fool's Gold: The Inside Story of J. P. Morgan and How Wall St. Greed Corrupted Its Bold Dream and Created a Financial Catastrophe*. New York: Free Press, 2009.

Thompson, Hunter S. *Fear and Loathing in America: The Brutal Odyssey of an Outlaw Journalist, 1968–1976*. New York: Simon & Schuster Paperbacks, 2000.

Twain, Mark (Samuel L. Clemens). *The Annotated Huckleberry Finn: The Adventures of Huckleberry Finn*. New York: W. W. Norton & Co., 2001.

Waters, John K. *John Chambers and the Cisco Way: Navigating Through Volatility*. John Wiley & Sons, 2002.

Yin, Robert K. *Case Study Research: Design and Methods*. Newbury Park, CA: Sage Publications, 1984.

Zook, Chris, with James Allen. *Profit from the Core: Growth Strategy in an Era of Turbulence*. Boston: Harvard Business School Press, 2001.

文章

"Global Most Admired: The World's Most Admired Companies," *Fortune,* October 2, 2000.

"Who's Excellent Now?," *Business Week,* November 5, 1984, pp. 46–48.

"Fortune 500 Largest U.S. Corporations," *Fortune,* April 18, 2005.

"Poll: Bush Ratings Hit New Low," CBS News Poll, October 6, 2005.

"The Good Company: A Review of Corporate Social Responsibility," *The Economist,* January 22, 2005.

"Tough at the Top: A Survey of Corporate Leadership," *The Economist,* October 25, 2003.

"Barns' Storming," *The Economist,* March 12, 2005, p. 57.

ABB Annual Reports, ABB Corporate Communications Ltd., Dept. CC-BI, P.O. Box 8829, CH-8050, Zurich, Switzerland.

Aguilar, Francis, and Arvind Bambri. "Johnson & Johnson, Philosophy and Culture (A)," Harvard Business School Case Study 384-053, 1983.

Anders, George. "Homespun Strategist Offers Career Advice," *Wall Street Journal Online,* January 13, 2004.

Austen, Ian. "Lego Plays Hardball with Right to Bricks," *International Herald Tribune,* February 3, 2005, p. 11.

Barham, Kevin, and Claudia Heimer. "Creating the Globally Connected Corporation," *Financial Times Mastering Management,* June 1997, pp. 12–14.

Barney, Jay B. "Strategic Factor Markets: Expectations, Luck, and Business Strategy," *Management Science* 32, no. 10 (1986): 1231–41.

Bartlett, Christopher A. "ABB's Relays Business: Building and Managing a Global Matrix," Harvard Business School Case Study 9-394-016, 1993.

Becker, Brian E., Mark A. Huselid, Peter S. Pickus, and Michael F. Spratt. "HR as a Source of Shareholder Value: Research and Recommendations," *Human Resource Management* 36, no. 1, (1997): 47.

Bennis, Warren, and James O'Toole. "How Business Schools Lost Their Way," *Harvard Business Review,* May 2005.

Berman, Shawn L., Andrew C. Wicks, Suresh Kotha, and Thomas M. Jones. "Does Stakeholder Orientation Matter?: The Relationship Between Stakeholder Management Models and Firm Financial Performance," *Academy of Management Journal* 42, no. 5 (October 1999).

Bertrand, Marianne, and Antoinette Schoar. "Managing with Style: The Effect of Managers on Firm Policies," *Quarterly Journal of Economics* 118, no. 4 (November 2003): 1169–1208.

Bilefsky, Dan, and Anita Raghavan. "How ABB Tumbled Back Down to Earth," *Wall Street Journal Europe,* January 23, 2003.

Bilefsky, Dan, Goran Mijuk, and Brandon Mitchener. "In a Surprise Move, ABB Replaces CEO–Appointment of Successor to Centerman Raises Questions on Management," *Wall Street Journal Europe,* September 6, 2002.

Bing, Stanley. "Quantum Business," *Fortune,* October 4, 2004 p. 104.

Bloom, Nick, Stephen Dorgan, John Dowdy, John Van Reenen, and Tom Rippin. "Management Practices Across Firms and Nations," Centre for Economic Performance, London School of Economics, June 2005, p. 3.

Broder, John M. "Investigator Finds No Evidence That BP Took Shortcuts to Save Money," *New York Times*, November 8, 2010.

Brown, Brad, and Susan Perry. "Removing the Financial Performance Halo from Fortune's Most Admired Companies," *Academy of Management Journal* 37, no. 5 (1994): 1347–59.

Buchanan, R. F. "Kmart Corporation–Company Report," Boston: Alex. Brown & Sons, Investext Group, October 9, 1990, p. 4.

Buffett, Warren E. "Buy American. I Am," *New York Times*, October 16, 2008.

Burns, Matt. "Logitech Decides to Retain Its Harmony Remote Division," *Tech Crunch*, June 20, 2013.

Burrows, Peter. "Cisco's Comeback," *Business Week,* November 24, 2003, pp. 42–48.

Byrne, John A., and Ben Elgin. "Cisco Behind the Hype." *Business Week,* January 21, 2002.

Cappelli, Peter, and Anne Crocker-Hefter. "Distinctive Human Resources Are Firms' Core Competences," *Organizational Dynamics* 24 (1996): 7–21.

Carvajal, Doreen. "Champion in Hearts of Employees," *International Herald Tribune,* August 11, 2004, p. 11.

Christensen, Clayton M., and Michael E. Raynor. "Why Hard-Nosed Executives Should Care About Management Theory," *Harvard Business Review,* September 2003, pp. 67–74.

Clark, Bill. "Toyota's Stellar Reputation Sullied by Greed," *Columbia Daily Tribune*, March 8, 2010.

Clark, Nicola. "Fraying Brand Image at Britain's WH Smith," *International Herald Tribune,* April 26, 2004, p. 9.

Coggan, Philip. "World's Most Respected Companies," *Financial Times, Special Report,* November 18, 2005.

Cohan, William D. "Rethinking Rubin," *Bloomberg Businessweek*, September 24, 2012.

Cooper, William H. "Ubiquitous Halo," *Psychological Bulletin* 90, no. 2 (1981): 218–44.

De Jonquieres, Guy. "Europe's Most Respected Companies," *Financial Times,* September 18, 1996, p. 1 of survey.

Doonar, Joanna. "Brand MOT: Lego," *Brand Strategy,* February 10, 2004.

Downey, H. Kirk, Thomas Chacko, and James C. McElroy. "Attributions of the 'Causes' of Performance: A Constructive, Quasi-longitudinal Replication of the Staw (1975) Study," *Organizational Behavior and Human Performance* 24 (1979): 287–99.

Edmondson, Gail. "What He'll Do with Renault," *Business Week,* April 25, 2005, p. 19.

Edwards, Cliff. "Supercharging Silicon Valley," *Business Week,* October 4, 2004, p. 8.

——. "Inside Intel," *Business Week,* January 9, 2006, pp. 43–53.

Ekman, Ivar. "Lego Braces for Big Changes," *International Herald Tribune,* July 23, 2005, p. 9.

Elgin, Ben. "Carly's Challenge," *Business Week,* December 13, 2004, pp. 48–56.

Fleming, Charles. "New Chairman of ABB Aims to Tighten Business Focus," *Wall Street Journal Europe,* November 23, 2001.

Flower, Joe. "The Cisco Mantra," *Wired* 5.03 (March 1997).

Foley, Sharon. "Wal-Mart Stores, Inc.," Harvard Business School Case Study 9-794-024, rev 1996.

Fombrun, Charles, and Mark Shanley. "What Is in a Name?: Reputation Building and Corporate Strategy," *Academy of Management Journal* 33, no. 2 (1990): 233–58.

Garten, Jeffrey S. "Andy Grove Made the Elephant Dance," *Business Week,* April 11, 2005, p. 11.

Goldblatt, Henry. "Cisco's Secrets," *Fortune,* November 8, 1999.

Golub, Harvey. "Getting Out of the Credit Mess," *Wall Street Journal,* December 9, 2008.

Gomes, Lee. "Cisco Tops $100 Billion in Market Capital–Passing Milestone in 12 Years May Be Speed Record," *Wall Street Journal,* July 20, 1998.

Greene, Jay. "Troubling Exits at Microsoft," *Business Week,* September 26, 2005, pp. 53–60.

Hamel, Gary, and Liisa Välikangas. "The Quest for Resilience," *Harvard Business Review,* September 2003, p. 52.

Hammonds, Keith H. "Michael Porter's Big Ideas," *Fast Company,* March 2001, pp. 150–55.

Hardy, Quentin. "Intel Tries to Secure Its Footing Beyond PCs," *New York Times,* April 14, 2013.

Harper, Neil W. C., and S. Patrick Viguerie. "Are You *Too* Focused?," *McKinsey Quarterly, 2002 Special Edition: Risk and Resilience,* pp. 28–37.

Hjelt, Paola. "The World's Most Admired Companies," *Fortune,* March 8, 2004, pp. 30–37.

——. "The World's Most Admired Companies," *Fortune,* March 14, 2005, pp. 41–45.

Huselid, Mark A., Susan E. Jackson, and Randall S. Schuler. "Technical and Strategic Human Resource Management Effectiveness as Determinants of Firm Performance," *Academy of Management Journal* 40, no. 1 (1997): 171–88.

Huselid, Mark A., and Brian E. Becker. "Methodological Issues in Cross-Sectional and Panel Estimates of the Human Resource-Firm Performance Link," *Industrial Relations* 35, no. 3 (July 1996): 400–22.

Jaworski, Bernard J., and Ajay K. Kohli. "Market Orientation: Antecedents and Consequences," *Journal of Marketing* 57 (July–August 1993): 53–70.

Kakutani, Michiko. "Greed Layered on Greed, Frosted with Recklessness," *New York Times,* June 15, 2009.

Karlgaard, Rich. "Interview with Percy Barnevik," *Forbes,* December 5, 1994, pp. 65–68.

Kennedy, Carol. "ABB: Model Merger for the New Europe," *Long Range Planning* 25, no. 5 (October 1992).

——. "ABB's Sun Rises in the East," *Director,* September 1996, pp. 40–44.

Kennedy, Randy. "The Ahab Parallax: 'Moby Dick' and the Spill," *New York Times,* June 11, 2010.

Kets de Vries, Manfred. "Leaders Who Make a Difference," *European Journal of Management* 14, no. 5 (1996): 486–93.

——. "Making a Giant Dance," *Across the Board* 31, no. 9 (October 1994): 27–32.

Kinetz, Erika. "Putting Away Childish Things," *International Herald Tribune,* April 2–3, 2005, pp. 16–17.

Kirby, Julia. "Toward a Theory of High Performance," *Harvard Business Review,* July–August 2005, pp. 30–39.

Kupfer, Andrew. "The Real King of the Internet," *Fortune,* September 1998.

Lashinsky, Adam. "It's Lonely at the Top for Apple," *Fortune,* March 1, 2013.

Lester, Tom. "Learning How to Fail in Business," *Financial Times,* September 29, 2003.
Lewis, Michael. "In Defense of the Boom," *New York Times Magazine*, October 27, 2002.
Lloyd, John. "What Is It All For?" *Financial Times*, December 24, 2008.
Locke, Edwin A. "The Nature and Causes of Job Satisfaction," in M. D. Dunnette (ed.), *Handbook of Industrial and Organizational Psychology.* Chicago: Rand McNally, 1976, pp. 1297–1349.
London, Simon. "J&J Stands Proudly by Its Leader's Words," *Financial Times,* August 31, 2004, p. 10.
Loomis, Carol J. "Why Carly's Big Bet Is Failing," *Fortune,* January 24, 2005.
Loveman, Gary. "Diamonds in the Data Mine," *Harvard Business Review,* May 2003, pp. 109–113.
MacCarthy, Clare. "Deputy Chief Sacked as Lego Tries to Rebuild," *Financial Times,* January 9, 2004, p. 25.
Manette, Nicole. "Cisco Fractures Its Own Fairy Tale," *Fortune,* May 14, 2001.
March, James G., and Robert I. Sutton. "Organizational Performance as a Dependent Variable," *Organization Science* 8, no. 6 (November–December 1997): 698–706.
March, James G., and Zur Shapira. "Managerial Perspectives on Risk and Risk-Taking," *Management Science* 33, (1987).
Markoff, John. "Papers Shed New Light on Microsoft Tactics," *International Herald Tribune,* March 25, 2004, p. 11.
——. "The Disco Ball of Failed Hopes and Other Tales from Inside Intel," *New York Times,* November 29, 2004.
McClenahen, John S. "Percy Barnevik and the ABBs of Competition," *Industry Week,* June 6, 1994, pp. 20–24.
McGahan, Anita M. "Competition, Strategy, and Business Performance," *California Management Review* 41, no. 3 (Spring 1999): 74–101.
——, and Michael E. Porter. "How Much Does Industry Matter, Really?," *Strategic Management Journal* 18, (1997): 15–30.

McGuire, Jean B., Thomas Schneeweis, and Ben Branch. "Perceptions of Firm Quality: A Cause or Result of Firm Performance?," *Journal of Management* 16, no. 1 (1990): 167–180.

Meindl, James R., Sanford B. Ehrlich, and Janet M. Dukerich. "The Romance of Leadership," *Administrative Science Quarterly* 30 (1985): 78–102.

Meindl, James R., and Sanford B. Ehrlich. "The Romance of Leadership and the Evaluation of Organizational Performance," *Academy of Management Journal* 30, no. 1 (1987): 91–109.

Mijuk, Goran. "Pensions Case Against Ex-CEOs of ABB Is Ended," *Wall Street Journal Europe,* October 6, 2005.

Montopoli, Brian. "Akio Toyoda Congressional Testimony: 'I Am Deeply Sorry,'" *CBS News*, February 23, 2010.

Moore, Angela. "Mattel Earns Rise, but Barbie Sales Snag," Reuters, July 19, 2004.

Morosini, Piero. "ABB in the New Millenium: New Leadership, New Strategy, New Organization," IMD Case Study, 3-0829, 2000.

Morris, Betsy. "What Makes Apple Golden," *Fortune*, March 3, 2008.

Morrison, Scott. "HP Sacks Chief Executive Fiorina but Stresses Strategy Will Not Be Changed," *Financial Times,* February 10, 2005, p. 1.

——. "HP Turns to NCR for Its New Chief," *Financial Times,* March 30, 2005, p. 1.

Narver, John C., and Stanley F. Slater. "The Effect of Market Orientation on Business Performance," *Journal of Marketing,* October 1990, pp. 20–35.

Nuttall, Chris. "Intel Inside Out: The Chip Industry Leader Adapts to Changing Consumer Demands," *Financial Times,* February 9, 2005, p. 15.

Orwell, George. "Notes on Nationalism," *England, Your England and Other Essays.* London: Secker & Warburg, 1945.

Otterman, Sharon. "Obama Names Three to Top Economic Posts," *New York Times*, December 19, 2008.

Perry, Nancy J. "America's Most Admired Corporations," *Fortune,* January

9, 1984.
Peters, Tom. "Tom Peters' True Confessions," *Fast Company,* December 2001, p. 90.
Platt, John R. "Strong Inference," *Science* 146, no. 3642, (October 16, 1964).
Porter, Michael E. "What Is Strategy?," *Harvard Business Review,* November–December 1996.
Quick, Rebecca. "Tiny Dogs and a Dream: Beating Cisco," *Wall Street Journal,* June 4, 1998.
Rapoport, Carla, and Kevin Moran. "A Tough Swede Invades the U.S.," *Fortune,* June 29, 1992, pp. 76–79.
Reinhardt, Andy. "Can Nokia Get the Wow Back?," *Business Week,* May 31, 2004, pp. 18–21.
——, and Peter Burrows. "Crunch Time for the High Tech Whiz," *Business Week,* April 28, 1997, p. 80.
Rosenzweig, Philip M. "What Do We Think Happened at ABB?: Pitfalls in Research About Firm Performance," *International Journal of Management and Decision Making* 5, no. 4 (2004): 267–81.
——. "Bill Gates and the Management of Microsoft," Harvard Business School Case Study, 1991.
Ruf, Bernadette M., Krishamurty Muralidhar, Robert M. Brown, Jay J. Janney, and Karen Paul. "An Empirical Investigation of the Relationship Between Change in Corporate Social Performance and Financial Performance: A Stakeholder Theory Perspective," *Journal of Business Ethics* 32, no. 2 (2001): 143–56.
Salancik, Gerald R., and James R. Meindl. "Corporate Attributions as Strategic Illusions of Management Control," *Administrative Science Quarterly* 29 (1984): 238–54.
Santosus, Megan. "A Seasoned Performer," *CIO,* January 15, 1995.
Schares, Gail E. "Percy Barnevik's Global Crusade," *Business Week,* December 6, 1993, pp. 56–59.
Schlender, Brent. "Computing's Next Superpower," *Fortune,* May 12, 1997, pp. 64–71.

Schneider, Benjamin, Paul J. Hanges, D. Brent Smith, and Amy Nicole Salvaggio. "Which Comes First: Employee Attitudes or Organizational, Financial, and Market Performance?," *Journal of Applied Psychology* 88, no. 5 (October 2003): 836–51.

Schwartz, Tony. "Dope, Dopes and Dopamine: The Problem with Money," *Huffington Post*, October 28, 2010.

Serwer, Andy. "There's Something About Cisco," *Fortune,* May 15, 2000.

Simonian, Haig. "Optimistic ABB Turns the Corner," *Financial Times,* July 30, 2004.

Staw, Barry M. "Attribution of 'Causes' of Performance: A General Alternative Interpretation of Cross-Sectional Research on Organizations," *Organizational Behavior and Human Performance* 13 (1975): 414–32.

——, Pamela I. McKechnie, and Sheila M. Puffer. "The Justification of Organizational Performance," *Administrative Science Quarterly* 28 (1983): 592–600.

Stout, Lynn A. "The Natural Result of Deregulation," from "What Goldman's Conduct Reveals," *New York Times*, April 16, 2010.

Taylor, William. "The Logic of Global Business: An Interview with Percy Barnevik," *Harvard Business Review,* March–April 1991, pp. 91–105.

Tempest, Nicole, and Christian G. Kasper. "Cisco Systems, Inc.: Acquisition Integration for Manufacturing (A)," Harvard Business School Case Study 9-600-015, 1999.

Thorndike, Edward L. "A Constant Error in Psychological Ratings," *Journal of Applied Psychology* 4 (1920): 469–77.

Thurm, Scott. "Cisco Profit Before Charges Rises 33% as Revenue Growth Keeps Accelerating," *Wall Street Journal,* February 3, 1999.

——. "Joining the Fold: Under Cisco's Systems, Mergers Usually Work," *Wall Street Journal,* March 1, 2000.

——. "Superstar's Pace: Cisco Keeps Growing but Exactly How Fast Is Becoming an Issue–As Debate over Its Stock Mounts, the Outcome

Could Have Big Ripples," *Wall Street Journal,* November 3, 2000.
Tichy, Noel, and Ram Charan. "The CEO as Coach: An Interview with AlliedSignal's Lawrence A. Bossidy," *Harvard Business Review,* March–April 1995.
Tkaczyk, Christopher. "World's Most Admired Companies, 2010," http://money.cnn.com/magazines/fortune/mostadmired/2010/snapshots/670.html.
Tomlinson, Richard, and Paola Hjelt. "Dethroning Percy Barnevik," *Fortune,* April 1, 2002, pp. 38–41.
"Total Recall: The Toyota Story," BBC Money Programme, March 25, 2010.
Tversky, Amos, and Daniel Kahneman. "Judgment Under Uncertainty: Heuristics and Biases," *Science* 185 (1974): 1124–31.
Walczak, Lee, Richard S. Dunham, and Mike McNamee. "Selling the Ownership Society," *Business Week,* September 6–13, 2004.
Waring, Geoffrey F. "Industry Differences in the Persistence of Firm-Specific Returns," *American Economic Review,* December 1996, pp. 1253–65.
Warner, Jeremy. "If Countries Like Dubai Begin to Fail, Who Will Save Them?" *The Telegraph*, November 27, 2009.
Wasserman, Noam, Nitin Nohria, and Bharat Anand. "When Does Leadership Matter?: The Contingent Opportunities View of CEO Leadership," Harvard Business School working paper, 2001.
Weber, Joseph, Peter Burrows, and Michael Arndt. "Management Lessons from the Bust," *Business Week,* August 20, 2001.
Welch, David, and Dan Beucke. "Why GM's Plan Won't Work," *Business Week,* May 9, 2005.
Wellian, Edwin, Carlos Cordon, and Ralf Seifert. "Lego: Consolidating Distribution (A)," IMD Case 6-0315, 2008.
Wiggins, Robert R., and Timothy W. Ruefli. "Schumpeter's Ghost: Is Hypercompetition Making the Best of Times Shorter?," *Strategic Management Review* 26 (2005): 887–911.
Willer, Robb. "The Effects of Government-Issued Terror Warnings on

Presidential Approval Ratings," *Current Research in Social Psychology* 10, no. 1 (2004).
Woodruff, David. "ABB Unveils New Board, Overhaul–Structural Plan Aims to Shift Focus from Products to Corporate Customers," *Wall Street Journal Europe,* January 12, 2001.
——. "Shares of ABB Slide 8.5% in Zurich on Disappointing Report of Results–New Chairman Vows to Boost Earnings, Revenue at Industrial Conglomerate," *Wall Street Journal Europe,* February 14, 2001.
——, and Almar Latour. "Barnevik Gets Harsh Verdict in Court of Public Opinion–Former ABB Chief Is Disgraced in Pension Row," *Wall Street Journal Europe,* February 18, 2002.
Wright, Robert. "Toyotas Are Safe (Enough)," *New York Times*, March 9, 2010.
Yoffie, David B., and Mary Kwak. "Playing by the Rules: How Intel Avoids Antitrust Litigation," *Harvard Business Review,* June 2001, pp. 119–22.
Zimmerman, Eric. "Reid: BP's 'Greed' Caused Oil Spill," May 17, 2010, http://thehill.com/blogs/e2-wire/677-e2-wire/98193-reid-bps-greed-caused-oil-spill.
Zweig, Jason. "The Halo Effect: How It Polishes Apple's and Buffett's Image," *Wall Street Journal*, August 27, 2011.